민사소송법
사례

이동률

Case of the Civil Procedure Code

박영사

머리말

이 책은 민사소송법 사례를 묶은 책이다. 로스쿨에서의 중간 및 기말시험 문제, 특강에서 출제한 문제, 발표한 논문에서 창작한 문제 및 변호사시험의 기출문제로 구성되어 있다. 이 책의 특징은 다음과 같다.

첫째, 총론·재판권과 관할권·당사자·소송물·변론 및 증거까지의 사례로 구성되어 있고, <답안 구성>이라는 여백을 두어 풀이의 목차와 내용을 스스로 작성할 수 있도록 하였다. 한편, 사례의 제목을 보면 쟁점이 파악될 수 있으므로 이는 목차에만 넣었다. 사례풀이를 소설처럼 읽는다는 것을 스스로 체화하기는 힘들다. 마치 선승(禪僧)의 대답인 "차나 한잔 마시고 가게"가 된다.

둘째, 각 단원별 또는 사례 뒤에는 <표>, <보충해설> 및 <참조판례>가 제시되어 있다. <표>는 민사소송이론을 체계적으로 이해시키기 위해서 만든 것이고, 민사소송절차의 유형과 소송상 대리인 등이 그 대표적인 예이다. 사례 풀이에는 해당 쟁점에 대한 설명만 언급되어 전체적 설명이 부족하므로 <보충설명>에서 이를 보완하여 설명하였다. 그리고 <참조판례>는 해당 본문에 제시된 판례를 소개하였으며, 가능한 한 최근 대법원 판례로 소개하려고 하였다.

셋째, 현재 법학전문대학원의 수업이 판례 중심으로 진행되면서 성문법 체계가 아닌 판례법 체계로 전환된 것이 아닌가라는 착각이 들 지경이다. 이러한 문제점을 인식하여 기존의 변호사시험의 유형과 다른 이론적 문제도 창의적으로 제시하였다.

천학비재. 나한테 적합한 말이다. 이 책의 부족한 부분은 앞으로 보완할 요량이다. 아쉬운 점은 소송종료와 복합소송, 상소에 관한 부분이 빠진 점이며, 조만간 보완하여 출판할 생각이다.

이 졸저를 올 봄 돌아가신 어머님 영전에, 그리고 십년 전에 돌아가신 아버님께 바친다. 생전에 불효한 일만 생각나서 늘 죄스럽다.

삭풍의 출판 여건임에도 불구하고 흔쾌히 출판을 허락해 주신 안종만 회장님, 헌신적으로 교정을 봐 주신 정수정 선생님께는 우선 글로나마 고마움을 남긴다.

2018. 12.

이동률

목 차

I. 총 론

II. 재판권

Ⅲ. 당사자

Ⅳ. 소송물

V. 변론

VI. 증 거

표 목차

I

총 론

甲은 乙에게 3,000만 원을 빌려 주었으나, 변제기한인 2018년 9월 1일이 지나도 채무이행을 하지 않자 소를 제기하고자 한다. 이 경우
  (1) 甲이 증거 및 권리 확보를 위해서 소 제기 전에 할 수 있는 소송절차는?
  (2) 현행 제도 중 민사소송절차보다 간편한 분쟁해결절차는 어떠한 절차들이 있는가?

답안 구성

『사례 풀이』

Ⅰ. 사안의 쟁점

소 제기 전에 증거확보를 위해서는 증거보전절차를, 권리확보를 위해서는 가압류절차를 활용해야 한다.

또한 소가가 3,000만 원 이하의 사건이므로 소액사건에 해당된다. 한편 차용증 등 증거가 확실히 있다면 독촉절차를 이용하여 민사소송보다 간편하게 해결할 수 있다.

그리고 ADR의 선택으로서 제소전 화해절차, 조정 및 중재절차를 이용할 수 있다.

Ⅱ. 증거 및 권리확보를 위한 소 제기 전의 소송절차

1. 증거보전절차

증거보전절차라고 함은 본 소송에서 정상적인 증거조사를 할 때까지 기다리고 있다가는 조사가 불가능하게 되거나 곤란하게 될 염려가 있는 경우, 소송계속 전 또는 소송계속 중에 특정의 증거를 미리 조사하여 본 소송에서 사실인정에 이용하기 위한 증거조사방법이다(제375조). 증거보전절차는 증명하기 곤란한 사건인 경우 승소하기 위해 미리 조치할 절차이며, 특히 의료과오소송과 특허관련소송[1] 등의 분야에서 많이 이용될 수 있다. 증인신문, 감정, 서증조사, 문서송부촉탁, 검증 및 당사자본인신문 등이 모두 증거조사에 이용된다.

2. 가압류절차

가압류절차란 채무자가 자신의 재산을 은닉 또는 처분할 염려가 있는 경우, 장래 금전채권이나 금전으로 환산할 수 있는 채권의 집행을 보전할 목적으로 미리 채무자의 재산을 압류하여 그 처분을 하지 못하도록 막는 제도이다(민사집행법 제276조 이하). 가압류할 수 있는 채무자의 재산은 동산, 부동산 및 채권 등 어느 것이든 상관없다.

---

[1] 예컨대 저서나 음반을 불법으로 복사 또는 복제하는 가게에 대한 손해배상청구를 할 경우, 판매기간과 수량 등을 확보하기 위해 소 제기 전에 미리 현장검증을 신청하는 것을 말한다.

Ⅲ. 민사소송보다 간편한 분쟁해결절차

1. ADR의 선택

1) 제소전 화해절차

제소전 화해라 함은 민사분쟁이 소송으로 발전하는 것을 방지하기 위하여 소 제기 전에 미리 지방법원(또는 시군법원)에 화해신청을 할 수 있으며(제385조), 화해가 성립되면 확정판결과 동일한 효력이 있다. 신청서 제출은 피신청인(상대방)의 주소지를 관할하는 법원에 제출하면 된다. 다만, 당사자 간에 관할의 합의가 있으면 합의된 관할법원에 제출할 수 있다.

2) 조정절차

조정이란 친족이나 친구 등 인간관계가 중요시되는 사이에서 발생한 민사분쟁에 대해 법관 또는 조정위원회가 분쟁당사자들의 주장을 들어 서로 양보하거나 타협하도록 주선 또는 권고하여 종국적으로는 화해에 이르게 하는 법적 절차이다.

조정의 신청은 당사자가 서면 또는 구술로 직접 신청하거나(민사조정법 제5조), 수소법원이 필요하다고 인정하는 경우 항소심 판결선고 전까지 결정으로 조정에 회부할 수 있다(동법 제6조). 조정사건에 관하여 당사자 사이에 합의가 이루어지면 조정이 성립되며, 조정조서가 작성된다(동법 제28조). 이러한 조정은 재판상 화해와 동일한 효력이 있다(동법 제29조).

3) 중재절차

중재란 당사자 간의 합의에 의하여 선출된 중재인의 중재판정에 의하여 분쟁을 해결하는 방식을 말하며(중재법 제12조 제2항 참조), 이른바 사적 재판이라고 한다. 중재제도는 단심제이며, 중재판정은 확정판결과 동일한 효력이 있다(동법 제35조).

중재계약이 체결된 후 중재판정을 받지 않고 소를 제기하면, 부제소특약과 마찬가지로 소의 이익이 없는 것으로 되어 부적법 각하판결을 받는다. 다만, 이 경우 피고의 중재계약의 항변이 있어야 한다(동법 제9조).[2]

---

2) 중재계약의 존부는 항변사항이고, 직권조사사항이 아니다.

2. 소액사건심판절차

소송목적의 값(소가)이 3,000만 원 이하의 금전 또는 그 밖의 대체물 또는 유가증권의 일정한 수량의 지급을 구하는 사건은 소액사건심판법이라는 특별민사소송절차에 의해 매우 간편하게 해결된다(소액사건심판법 제1조 및 동 규칙 제1조의2).

소송물 가액이 3,000만 원 이하인 사건은 소액사건이고, 한편 단독판사의 사물관할이지만(제88조), 양 절차가 경합될 경우 소액사건심판절차가 특별민사소송이므로 소액사건심판법만 적용된다.

3. 독촉절차

독촉절차라 함은 금전 기타 대체물이나 유가증권의 일정한 수량의 지급청구를 채권자가 법원에 신청하는 절차를 말한다(제462조). 법원은 채무자를 심문하지 않고 채권자가 제출한 서류만으로 심사하여 채무자에게 지급하라는 명령을 내리는데, 이를 지급명령이라고 한다. 차용증 등 증거가 명백하여 채무자가 다투지 않을 것으로 예상되는 경우에 많이 활용된다. 소가의 제한은 없다.

Ⅳ. 사안의 해결

1. 소 제기 전의 절차는 증거보전절차(제375조)와 가압류절차(민사집행법 제276조 이하)가 있다.

2. 민사소송절차보다 간편한 절차로서 제소전 화해절차나 중재신청은 상대방과의 합의가 있어야만 성립하는 제도이다. 만일 피고가 이러한 절차에 동의를 하지 않으면 이 제도들은 현실적으로 활용하기가 어렵다.

반면 소액사건심판절차, 독촉절차 및 조정절차는 채권자 甲의 단독으로 신청이 가능하다.

표 1 사법적 법률관계의 분쟁해결방안

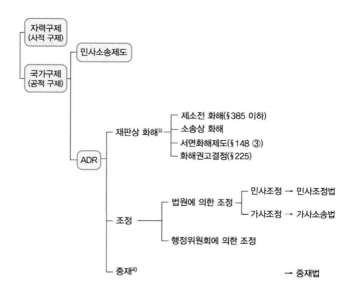

〈쟁 점〉

1. 국가구제와 자력구제의 비교
2. 민사소송과 ADR의 비교
3. 재판상 화해, 조정 및 중재의 비교
4. '일체의 민, 형사상의 책임을 묻지 아니한다'는 부제소합의를 위반하여 제소한 경우, 법원은 소의 이익(권리보호이익)이 없다고 부적
   법 각하판결을 해야 한다.
5. 소비자분쟁조정위원회 등 행정부 산하의 각종 행정위원회에서 성립된 조정조서가 재판상화해(=확정판결)와 동일한 효력이 있다는
   법규정 자체는 삼권분립의 원칙상 위헌의 소지가 있다.

---

3) 화해에는 재판외 화해(화해계약, 민법 제732조)와 재판상 화해가 있다.
4) 중재는 국가구제가 아니다. 설명 편의상 ADR에 분류하였다.

표 2 민사소송절차의 종류

부수절차

소송절차
- 통상소송절차
  - 판결절차 (민사소송법)
    - 증거보전절차(§375)
    - 소송비용액확정절차(§110)
  - 집행절차 (민사집행법)
    - 가압류절차 (민집 §276 이하)
    - 가처분절차 (민집 §304 이하)
      - 다툼의 대상에 관한 가처분(§300 ①)⁵⁾
      - 임시지위를 정하는 가처분(§300 ②)
    - 집행문부여절차(민집 §30 이하)
- 특별소송절차
  - 간이소송절차
    - 소액사건심판절차 → 소액사건심판법
    - 독촉절차(§462 이하)
    - 공시최고절차(§475 이하)
  - 가사소송절차
    - 가사소송절차 → 가사소송법 → 민사소송법 준용
    - 가사비송절차 → 비송사건절차법 준용
  - 도산절차 → 채무자 회생 및 파산에 관한 법률
  - 특허소송절차 → 특허법
  - 배상명령신청 → 소송촉진 등에 관한 특례법

비송절차 → 비송사건절차법

---

5) 점유이전금지가처분, 처분금지가처분 등.

표 3 소송의 전 과정

1. 소송준비단계

- -

(1) 증거보전절차
(2) 가압류·가처분절차

2. 소 제기단계

| 소장제출 | 재판장의
소장심사
(§254 Ⅰ) | 보정명령
(§254 Ⅱ) | ┌ O → 피고에게
│   소장부본 송달
└ X → 소장각하명령
        (§254 Ⅱ) | 주소보정명령
(§255 Ⅱ) | ┌ O
└ X ┌ 공시송달(§194)
     └ 소장각하명령
        (§255, §254 Ⅱ) | 답변서
제출 | ┌ O
└ X → 무변론판결
        (§257 Ⅰ·Ⅱ) |

3. (변론준비절차) ┌ 요증사실   **변론절차**(증거조사: 증인신문, 당사자신문 등)
                    └ 불요증사실

| 변론준비기일 | 변론기일(제1회, 제2회…) | | 화해권고결정(§225) | 변론종결일(변론재개) |

┌ (1) 소 각하판결(§219), 청구기각판결
└ (2) 이송결정(§34)

4. 소송종료단계

← 2주일 내(§396) →

| 합의 | 판결서 작성 | 판결선고(§205) | 판결 정본의 송달 | 항소(§390) | ┌ O → 상고(§422)
└ X → 판결의 확정 → 강제집행 |

                                                              ↓
                                                    ┌ 재심(§451)
                                                    └ 추후보완상소(§173)

Ⅰ. 소의 제기단계

1. 원고가 소장과 법정 금액의 인지대를 법원에 납부함으로써 소송절차는 시작된다. 이때 부터 소송은 개시된다(소송의 성립: 공법적 법률관계).

소장에는 당사자 · 법정대리인 · 청구취지 및 청구원인을 기재하여야 하며, 이를 필수적 기재사항이라고 한다(제249조 제1항). 이로써 당사자(원, 피고)와 소송물이 정해진다.

2. 재판장은 소장의 필수적 기재사항과 인지대를 심사한다.

소장의 필수적 기재사항의 흠결이나 인지대가 부족한 경우, 재판장은 원고에게 보정명령을 하여야 한다(제254조 제1항). 재판장의 보정명령에 불응하면 재판장은 소장각하명령을 내린다(동조 제2항).

3. 원고가 제출한 소장에 흠결이 없거나 보정명령에 따른 경우, 재판장은 소장부본을 피고에게 지체 없이 송달한다(제255조 제1항).

피고의 주소가 잘못 기재되어 송달이 되지 않는 경우에는 재판장은 원고에게 주소보정명령을 내린다(제255조 제2항).

피고에게 소장부본이 송달되었을 때, 비로소 원고 · 법원 및 피고 간의 삼면적 소송법률관계가 시작된다. 이를 **소송계속**(訴訟係屬)이라고 한다.

4. 피고가 원고의 청구를 다투는 경우에는 소장부본을 송달받은 날로부터 30일 내에 답변서를 제출하여야 한다(제256조). 이 기간 내에 답변서를 제출하지 않으면 원칙적으로 법원은 무변론판결을 할 수 있다(제257조 제1항).

Ⅱ. 소송요건의 조사단계

소가 적법하기 위한 요건을 소송요건이라고 한다. 구체적으로 해당 사건은 소의 3가지 구성요소, 즉 법원 · 당사자 · 소송물에 대하여 일정한 요건을 갖추어야 한다.

1. 법원은 재판권이 있어야 하며, 소장을 접수한 법원은 관할권이 있어야 한다.

2. 당사자는 먼저 확정되어야 하며, 확정된 당사자는 당사자능력, 당사자적격 및 소송능력이 있어야 한다.

3. 소의 이익(소송할 만한 가치)이 있어야 한다.

4. 위 3가지 요소의 요건을 모두 갖추어야만 본안재판에 들어 갈 수 있다.

만일 갖추지 못한 경우에는 법원은 소송요건의 흠결을 이유로 부적법 각하판결을 내린다(관할위반인 경우에는 해당법원으로 이송한다).

Ⅲ. 본안심리단계

1. (변론준비절차) 변론절차

원고는 자신의 청구가 타당하다고 공격을 하고(공격방법), 이에 대해 피고는 방어를 한다(방어방법). 법원은 먼저 변론준비절차를 열어 소장 · 답변서 · 준비서면 등을 통해 당사자의 주장과 증거를 정리한다. 이러한 서면에 의한 변론준비절차 외에 필요에 따라 증거조사를 할 수도 있고(단, 증인신문과 당사자신문은 제외), 변론준비기일을 열어 당사자를 출석시킬 수도 있다.

그 후 법원은 변론준비절차에 나타난 원고와 피고의 주장을 비교하여 다툼 있는 사실(요증사실)과 다툼 없는 사실(불요증사실)을 구별한다.

위와 같은 변론준비절차가 끝나면 재판장은 변론기일을 지정하여 당사자들을 소환한다. **2008년 민사소송법 개정으로 변론준비절차는 필수적에서 임의적으로 변경되었다.**

2. 증거조사

다툼 없는 사실에 대해서는 법원은 그대로 사실의 인정을 하여야 하며, 다툼 있는 사실에 대해서는 증거조사를 실시한다(원칙적으로 변론기일에만).

증거조사절차에는 증인신문 · 당사자본인신문, 감정 · 검증 · 서증조사, 전자문서 등 그 밖의 증거의 조사가 있으며, 증거조사결과에 대한 평가는 법관의 자유심증에 일임되어 있다(자유심증주의).

3. 심리의 대원칙

당사자의 소송자료(사실의 주장과 증거자료)의 수집과 제출은 공개된 법정에서(공개주의), 당사자 쌍방에게 공평한 기회를 부여하여야 한다(쌍방심리주의). 이러한 소송자료의 제출은 구술에 의해서(구술심리주의), 당사자 스스로 주장하여야 하며(변론주의), 소송에 필요한 자료는 소송의 정도에 따라 적절한 시기에 제출하여야 한다(적시제출주의). 직접심리에 관여한 법관이 판결하여야 한다(직접심리주의). 그리고 소송절차는 법원이 적정 · 공평 · 신속 및 경제적으로 진행하여야 한다.

이러한 소의 개시, 심판의 대상과 범위 및 종결은 원고에게 맡겨져 있다(처분권주의).

IV. 소송종료단계

1. 이혼소송 진행 중 당사자 일방이 사망한 경우와 같이, 소송을 더 이상 진행할 필요가 없는 경우가 있다. 이 경우에 법원은 **소송종료선언**을 한다.

2. 그리고 판결에 의하지 않고 당사자에 의해 소송이 종료되는 경우도 있다. 소의 취하, 청구의 인낙과 포기, 소송상 화해 및 조정 등이며, 이를 **당사자 행위에 의한 소송종료**라고 한다.

3. 변론절차를 거쳐 법관의 심증형성이 어느 정도 이루어졌을 때 법관은 변론을 종결하고 판결을 선고한다. 이를 **종국판결에 의한 소송의 종료**라고 한다.

V. 불복방법

1. 판결이 선고된 후 판결정본이 송달된 날로부터 2주일 내에 상소를 제기할 수 있다. 이로써 항소심 또는 상고심절차가 진행된다.

2. 불복하지 않은 판결은 기판력이 인정되며, 이로써 강제집행이 진행된다. 그러나 기판력 있는 판결이라도 부당하다는 것이 밝혀지면, 비상구제수단으로서 **재심절차와 상소의 보완**이 있다.

■ **원고가 승소하기 위한 4단계**

(i) 소장이 적법한 방식을 갖추어야 한다(Ordnungsgemäss).

(ii) 소가 적법해야 한다(Zulässigkeit).

(iii) 주장 자체의 정당성이 있어야 한다(Schlüssigkeit).

(iv) 피고의 항변에 이유가 없어야만 청구인용판결을 얻을 수 있다.

『사례 Ⅰ-2』

경기도 의정부시 도봉산 소재 임야 내에는 전통사찰인 극락사에서 설치한 삭도(索道, 케이블카)가 있었다. 2014년 4월, 극락사 주지 乙(경기도 의정부시 거주)은 자신의 재산관리인인 A(서울특별시 강남구 개포동 거주)에게 삭도철거소송을 위임하고, A와 변호사 甲(서울특별시 노원구 상계동 거주)은 위 삭도철거소송에 관한 변호사 위임계약을 체결하고, 성공보수금은 3억원으로 약정하였다. 그리고 위임계약의 기재내용 중에는 "앞으로 변호사선임과 관련된 계약으로 발생하는 일체의 소송은 서울동부지방법원만을 관할법원으로 합의한다."는 조항이 있었다. 그 후 위 삭도철거소송사건에서 乙이 승소, 판결이 확정되었다. 한편 乙은 甲에게 지급해야 할 3억원의 성공보수금을 차일피일 미루고 있다.

한편 甲은 3억원의 성공보수금청구의 소를 제기하면서 피고 乙 이외 A를 연대보증인으로 추가하면서, 민사소송법 제25조의 관련재판적 규정을 적용하여 위 소를 서울중앙지방법원에 제소하였다. 甲이 A를 피고로 추가한 이유는 A에게 심리적 압박을 가하여 성공보수금을 확실히 받기 위해서이다. 제1심 변론기일에서 乙은 A는 자신의 재산관리인으로 변호사 甲을 선임한 것뿐이고, 이 사건 성공보수금건과는 아무런 관련이 없는 사람이다. 그리고 이 사건은 합의관할 위반이라고 주장하면서 서울동부지방법원으로 이송을 신청하였다. 위 이송신청에 대한 법원의 판단은?

답안 구성

I. 사안의 쟁점

위 사건은 성공보수금청구사건이고, 공동피고 乙과 A에 대한 관련재판적을 적용하여 서울중앙지방법원에 관할이 성립하는지, 아니면 합의관할 위반인지가 쟁점이다. 삭도에 관련된 불법행위지는 관할이 성립하지 않는다.

II. 乙의 관할위반 주장에 대한 검토

1. 토지관할

보통재판적은 피고 乙의 주소지 법원이므로 의정부지방법원이고(제2조 및 제3조), 특별재판적은 금전채권이므로 원고 甲의 주소지 법원인 서울북부지방법원이다(제8조). 그리고 합의관할은 서울동부지방법원이다(제29조).

2. 관련재판적 적용 여부

피고로 지정, 추가된 A는 변호사 수임계약의 당사자가 아니므로 피고로 될 수 없다. 원고 甲이 A를 피고로 추가한 이유는 관할권을 부당으로 생기게 하기 위한 것이므로 관련재판적의 법리를 남용한 것이다. 그러므로 서울중앙지방법원은 관할권이 생기지 않고, 신의칙을 위반한 제소이므로 관련재판적이 적용될 수 없다(대결 2011.9.29, 2011마62).

III. 합의관할 위반에 대한 법원의 조치

1. 소송이송의 의의

소송의 이송이라 함은 관할위반 사건을 법원의 재판6)에 의해 다른 법원으로 옮기는 것을 말한다. 소송경제와 심판의 편리라는 측면에서 인정한 제도이다.

---

6) 소송의 이송은 법원의 '재판'에 의해 이루어진다. 여기서 '재판'이란 결정 또는 판결을 의미하고, 심급관할 위반인 경우 판결로써 이송이 이루어진다.

2. 甲과 乙의 합의관할 유효 여부

1) 변호사 수임계약서는 제1심에 관한 내용이고, 서면으로 작성한 것이다. 그리고 변호사 '수임계약'이라는 일정한 법률관계에 관한 관할의 합의이다. 따라서 甲과 乙의 합의관할은 유효하며, 서울동부지방법원만을 합의한 것이므로 전속적 합의관할이다.

2) 한편 전속적 합의관할도 임의관할이지만, 합의관할 위반의 주장이 있으므로 변론관할이 성립하지 않는다.

3. 합의관할 위반 여부

甲과 乙 사이의 전속적 합의관할은 유효하며, 甲이 합의관할을 위반하였으므로 서울동부지방법원으로 법원은 결정으로 이송해야 한다(제34조 제1항).

Ⅳ. 사안의 해결

위 사안은 재판적 남용의 신의칙을 위반한 소이고, 합의관할을 위반하였으므로 법원은 결정으로 서울동부지방법원에 이 사건을 이송하여야 한다.

참조판례 관할선택권의 남용으로서 신의칙 위반

<변호사 甲과 乙 사찰이, 소송위임계약으로 인하여 생기는 일체 소송은 전주지방법원을 관할 법원으로 하기로 합의하였는데, 甲이 乙 사찰을 상대로 소송위임계약에 따른 성공보수금 지급 청구 소송을 제기하면서 乙 사찰의 대표단체인 丙 재단을 공동피고로 추가하여 丙 재단의 주소지를 관할하는 서울중앙지방법원에 소를 제기한 사안>에서, 乙 사찰은 종단에 등록을 마친 사찰로서 독자적인 권리능력과 당사자능력을 가지고, 乙 사찰의 甲에 대한 소송위임약정에 따른 성공보수금 채무에 관하여 丙 재단이 당연히 연대채무를 부담하게 되는 것은 아니며, 법률전문가인 甲으로서는 이러한 점을 잘 알고 있었다고 보아야 할 것인데, 甲이 위 소송을 제기하면서 丙 재단을 공동피고로 추가한 것은 실제로는 丙 재단을 상대로 성공보수금을 청구할 의도는 없으면서도 단지 丙 재단의 주소지를 관할하는 서울중앙지방법원에 관할권을 생기게 하기 위함이라고 할 것이고, 따라서 **甲의 위와 같은 행위는 관할선택권의 남용으로서 신의칙에 위반하여 허용될 수 없으므로 관련재판적에 관한 민사소송법 제25조는 적용이 배제**되어 서울중앙지방법원에는 甲의 乙 사찰에 대한 청구에 관하여 관할권이 인정되지 않는다(대결 2011.9.29, 2011마62).

1. 신의칙 적용대상에 '법인'도 포함되며, 법인격부인론이 대표적 사례이다.
2. 신의칙위반은 소송상태의 부당형성, 선행행위와 모순된 행위, 소권의 남용, 소권의 상실 등 4가지 유형 이외에도 여러 형태의 위반 사례가 있을 수 있다.
3. 실체법상 신의칙과 소송법상 신의칙을 구별하여야 한다.
4. 신의칙과 소의 이익은 구별하여야 한다.
5. 신의칙이 소송요건 중 하나인가에 대해서는 해석상 다툼이 있다.
6. 신의칙위배 여부는 직권판단사항, 직권조사사항이라는 견해, 신의칙위반을 당사자 간에 서는 상대방의 원용을 기다려 참작할 것이라는 견해, 당사자 간에서는 상대방의 원용을 기다려 참작하여 하고, 당사자의 법원에 대한 관계에서는 직권으로 고려하여야 한다는 견해 등이 있다.

II

재판권

甲(한국 국적)은 2018년 9월 乙을 상대로 대한민국 영토 내에서 발생한 사건에 대한 손해배상청구의 소를 제기하고자 한다.

1. 乙의 지위가 다음과 같은 경우, 법원은 어떻게 처리해야 하는가?

   (1) 乙이 외국국가인 경우

   (2) 乙이 외국대사인 경우

   (3) 乙이 주한미군인 경우

   (4) 외국국가인 乙을 제3채무자로 한 압류 및 추심명령인 경우

2. 만일 乙이 외국대사인 경우, 법원이 내린 판결의 효력은?

답안 구성

I. 설문 (1)의 해결

재판권의 존재는 소송요건이며, 직권탐지사항[1]이다. 피고 乙이 치외법권자인 경우, 법원은 다음과 같이 판결해야 한다.

1. 乙이 외국국가인 경우, 사법적 법률관계라면 재판권이 면제되지 않는다. 즉, 상대적 면제주의를 취하고 있다. 따라서 소송물이 해고무효확인의 소 등 사법적 법률관계인 경우에는 외국국가를 피고로 하여 한국법원에 제소할 수 있다(대판(전) 1998.12.17, 97다39216).

2. 乙이 외국대사인 경우, '외교관계에 의한 비엔나협약'에 따라 민사재판권의 전면적 면제자이므로 법원은 부적법 각하판결을 해야 한다.

3. 乙이 주한미군인 경우

첫째, 공무상 불법행위인 경우에는 피고는 대한민국이다(SOFA협정 제23조). 이때 대한민국은 제3자 소송담당자(법정소송담당자)의 지위에 있다.

둘째, 공무상 불법행위가 아닌 경우에는 행위자 개인인 주한미군을 피고로 해야 한다. 다만, 이 경우도 먼저 대한민국 당국의 배상금의 사정(査定)과 미국 당국의 배상금 지급제의가 있은 후, 이에 대한 불복이 있는 경우에 한하여 한국법원에 제소할 수 있다(동 협정 제23조 제6항).

4. 외국국가인 乙을 제3채무자로 한 압류 및 추심명령인 경우, 해당 국가의 명시적 동의 내지 재판권면제의 주장이 없다면 재판권이 인정되지 않는다(대판 2011.12.13, 2009다16766).

II. 설문 (2)의 해결

민사재판권이 흠결된 때에는 법원은 소송판결로서 부적법 각하해야 한다(제219조). 만일 이를 간과하여 판결한 경우, 판결확정 전에는 상소를 통해 원심판결을 파기하여야 한다. 나아가 설혹 판결이 확정되더라도 당연무효의 판결이다.

---

[1] 직권조사사항이라는 견해도 있다.

1. 국제관습법에 의하면 국가의 주권적 행위는 다른 국가의 재판권으로부터 면제되는 것이 원칙이라 할 것이나, 국가의 사법적(私法的) 행위까지 다른 국가의 재판권으로부터 면제된다는 것이 오늘날의 국제법이나 국제관례라고 할 수 없다. 따라서 우리나라의 영토 내에서 행하여진 외국의 사법적 행위가 주권적 활동에 속하는 것이거나 이와 밀접한 관련이 있어서 이에 대한 재판권의 행사가 외국의 주권적 활동에 대한 부당한 간섭이 될 우려가 있다는 등의 특별한 사정이 없는 한, **외국의 사법적 행위(私法的 行爲)에 대하여는 당해 국가를 피고로 하여 우리나라의 법원이 재판권을 행사할 수 있다**(대판(전) 1998.12.17, 97다39216).

2. 우리나라 법원이 외국을 제3채무자로 하는 추심명령에 대하여 재판권을 행사할 수 있는 경우에는 그 추심명령에 기하여 외국을 피고로 하는 추심금 소송에 대하여도 역시 재판권을 행사할 수 있다고 할 것이고, 반면 추심명령에 대한 재판권이 인정되지 않는 경우에는 추심금 소송에 대한 재판권 역시 인정되지 않는다고 보아야 한다.
   <대한민국에 거주하면서 주한미군사령부에서 근무하는 甲의 채권자 乙이 우리나라 법원에서 제3채무자를 미합중국으로 하여 甲이 미합중국에 대하여 가지는 퇴직금과 임금 등에 대하여 채권압류 및 추심명령을 받은 후 추심금의 지급을 구한 사안>에서, 위 채권압류 및 추심명령은 재판권이 없는 법원이 발령한 것으로 무효이고, 우리나라 법원은 추심금 소송에 대하여도 재판권이 인정되지 않는다(대판 2011.12.13, 2009다16766).

표 4 재판권의 의의와 재판기관

1. 재판권(Gerichtsbarkeit)의 의의

(1) 법원의 권한(=사법권=재판권): 법에 의한 최종적인 판단은 법원(헌법 제101조)

(2) 법관만이 재판(헌법 제103조)

2. 소송의 종류

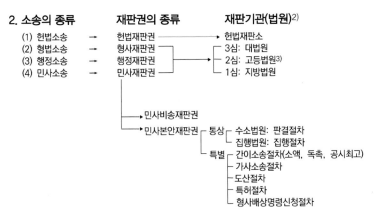

- 2. 소송의 종류　　재판권의 종류　　재판기관(법원)[2]
  - (1) 헌법소송 → 헌법재판권 ─────→ 헌법재판소
  - (2) 형사소송 → 형사재판권 ┌ 3심: 대법원
  - (3) 행정소송 → 행정재판권 ├ 2심: 고등법원[3]
  - (4) 민사소송 → 민사재판권 └ 1심: 지방법원

  ├ 민사비송재판권

  └ 민사본안재판권 ┬ 통상 ┬ 수소법원: 판결절차
  　　　　　　　　　　　　　└ 집행법원: 집행절차
  　　　　　　　　　└ 특별 ┬ 간이소송절차(소액, 독촉, 공시최고)
  　　　　　　　　　　　　　├ 가사소송절차
  　　　　　　　　　　　　　├ 도산절차
  　　　　　　　　　　　　　├ 특허절차
  　　　　　　　　　　　　　└ 형사배상명령신청절차

---

2) 이를 도식화하면 다음과 같다.

3) 법원조직법과 각급법원 설치에 관한 법률 참조. 수원고등법원이 2019년 3월 1일부터 설치되면, 고등법원의 수는 6개이다.

표 5 법원의 의의와 조직

1. 법원의 의미

2. 법원의 조직과 구성

(1) 대법원, 고등법원, 지방법원의 3심제
(2) 법관
    ① 명칭 : 대법원장과 대법관[5], 판사(대법원장과 대법관이 아닌 법관)
    ② 판사 정원 : 각급 법원[6] 판사의 수는 3,214명(각급 법원 판사 정원법 제1조).

3. 그 밖의 사법기관

(1) 법원사무관 등
(2) 사법보좌관
(3) 집행관
(4) 재판연구관과 재판연구원(기술심리관)
(5) 전문심리위원(제164조의2 제1항)
(6) 변호사
(7) 검사[7]와 경찰공무원

---

4) 지방법원·고등법원은 3인이고, 대법원은 4인의 합의부이다. (가)부, (나)부, (다)부의 12명 대법관이 있다. 대법원장은 전원합의체 이외에는 판결에 관여하지 않는다.
5) 법원행정처장은 대법관 지위이지만, 재판에는 관여하지 않는다.
6) 고등법원·특허법원·지방법원·가정법원·행정법원 및 회생법원을 말한다(법원조직법 제5조 제2항).
7) 검찰청법 제36조 제1항에 따라 검사의 정원을 2,292명으로 한다(검사정원법 제1조).

충북 충주시에 본사를 둔 甲회사는 일본 동경 소재 乙회사에 '충주사과' 2억 원치를 수출하였으나, 乙회사는 수출대금을 지급하지 않고 있다(다음 설문은 각각 별개의 사안임).

(1) 계약체결 당시 앞으로 분쟁이 발생할 경우 일본법원에서만 재판하기로 합의를 하였다면, 甲회사는 한국법원에 제소할 수 있는가?

(2) 만일 국제재판관할에 관한 약정이 없는 경우, 甲회사가 한국법원에 제소한다면 재판권이 있는가? 만일 있다면 어느 법원에 제소할 수 있는가?(토지관할만 언급할 것)

답안 구성

『사례 풀이 1』

I. 사안의 쟁점

국제거래에 관한 분쟁에서 어느 나라 법원에 재판관할권이 있는지가 쟁점이고, 이에 관해서는 국제사법 제2조가 적용된다.[8] 한편 한국법원을 배제하고, 오직 외국법원만을 전속적 합의관할로 한 경우 그 효력을 인정할 것인지도 문제된다.

II. 국제재판관할의 합의가 있는 경우

1. 전속적 합의인 경우

(1) 한국법원에서만 제소하기로 한 경우는 유효하다.

(2) 일본법원에서만 제소하기로 한 경우는 다음의 요건에 해당할 때만 유효하다.

첫째, 국재재판권에 전속하지 않는 사건일 것

둘째, 합의한 외국법원이 해당 사건에 국제재판관할권을 가질 것

셋째, 해당 사건이 그 외국법원에 대하여 합리적 관련성이 있을 것

기타, 이와 같은 전속적 합의가 현저하게 불합리하거나 불공정하지 않을 것(대판 2010.8.26, 2010다28185; 대판 1997.9.9, 96다20093).

(3) 일본법원에의 합의가 전속적 합의라고 하더라도 한국법원에서 변론관할이 성립되면 유효하다(대판 2014.4.10, 2012다7571).

2. 부가적 합의인 경우

한국법원에도 제소할 수 있으므로 유효하다.

IV. 사안의 해결

일본법원에서만의 전속적 국제재판관할의 합의가 있는 경우, 일정한 요건하에서만

---

8) 국제사법 제2조(국제재판관할) ①법원은 당사자 또는 분쟁이 된 사안이 대한민국과 실질적 관련이 있는 경우에 국제재판관할권을 가진다. 이 경우 법원은 실질적 관련의 유무를 판단함에 있어 국제재판관할 배분의 이념에 부합하는 합리적인 원칙에 따라야 한다.
②법원은 국내법의 관할 규정을 참작하여 국제재판관할권의 유무를 판단하되, 제1항의 규정의 취지에 비추어 국제재판관할의 특수성을 충분히 고려하여야 한다.

국제재판관할권이 인정된다. 즉, 위의 요건을 갖추거나 변론관할이 성립되면 한국법원의 관할권이 인정될 수 있다.

▰ 사례 풀이 2 ▰

Ⅰ. 사안의 쟁점

위 사례는 국제거래에 관한 민사사건이고, 국제재판관할의 합의가 없더라도 실질적 관련성이 인정되므로 한국법원에 국제재판관할권이 있다(국제사법 제2조 제1항).

한편 국제거래에 관한 소는 전문적인 지식과 거래실무가 필요하므로 이에 대한 전문 재판부가 설치된 법원에서 심리할 수 있도록 특별재판적을 인정하였다(제24조 제1항). 특허권 등 지식재산권에 관한 소와 국제거래에 관한 소[9]의 차이점은 전자는 특별재판적으로 인정된 법원만을 전속관할로 규정하였고, 후자는 원래의 인정된 토지관할 이외의 임의관할로 특별재판적을 부가적 · 중첩적인 의미에서 인정한 것이다.

Ⅱ. 토지관할

1. 보통재판적은 피고의 주소지가 국내에 없으므로 서울중앙지방법원(대법원 소재지를 관할하는 법원, 제5조 제2항 및 동 규칙 제6조), 특별재판적은 의무이행지 법원인 청주지방법원 충주지원(제8조)이다.

또한 국제거래에 관한 소에 대한 특별재판적은 서울중앙지방법원과 대전지방법원[10] (제24조 제1항)이다.

따라서 서울중앙지방법원, 대전지방법원, 청주지방법원 충주지원에 관할의 경합이 생기고, 이 가운데에서 원고는 어느 곳이든 제소할 수 있다.

2. 만일 원고가 민사소송법 제24조 제1항에 따른 관할법원이 아닌 다른 법원에 제소한 경우, 소송절차를 현저하게 지연시키는 경우[11]가 아니라면 직권 또는 당사자의 신청에 의해 결정으로 해당 소송을 국제거래에 관한 특별재판적을 인정한 민사소송법 제

---

9) 특허권 이외의 지식재산권에 관한 소도 마찬가지이다. 저작권, 영업비밀 및 데이터베이스 등에 관한 소송이 이에 속한다.
10) '고등법원이 있는 곳의 지방법원'이라고 하였으므로 '청주지방법원'이라는 주장도 있을 수 있다.
11) 특허권 등 지식재산권에 관한 소와는 달리 '현저한 손해'는 제외되어 있다.

24조 제1항의 법원으로 이송할 수 있다. 위 사례의 경우, 서울중앙지방법원이나 대전지방법원으로 이송할 수 있다(제36조 제1항).

Ⅲ. 변론관할의 성립 여부[12]

최근 판례에서 국제재판관할의 경우에도 변론관할은 성립한다고 하였다. 만일 원고가 국제재판관할을 위반하여 한국법원에 제소하였더라도 피고 乙회사가 아무런 이의 없이 응소를 한다면 변론관할이 생긴다고 본다. 이 경우 甲회사와 乙회사 사이의 국제재판관할합의가 전속적 합의이든 부가적 합의이든 관계없이 변론관할은 성립한다.

Ⅳ. 사안의 해결

국제재판관할의 합의가 없는 경우, 甲회사가 제소할 수 있는 법원은 서울중앙지방법원, 대전지방법원, 청주지방법원 충주지원이 수소법원이다. 이 중 어느 법원이든 제소가 가능하다. 그리고 서울중앙지방법원은 보통재판적과 특별재판적이 중첩적으로 적용된다.

하지만, 국제거래에 관한 특별재판적을 인정한 이유는 전문재판부의 설치를 전제로 한 것이므로 지방법원 또는 지원에 전문재판부가 없다면 이 취지에 잘 부합될지는 의문이다.

참조판례

1. 전속적 국제재판관할의 효력
<**대한민국 법원의 관할을 배제하고 외국의 법원을 관할법원으로 하는 전속적인 국제관할의 합의가 유효하기 위해서**>는, 당해 사건이 대한민국 법원의 전속관할에 속하지 아니하고 지정된 외국법원이 그 외국법상 당해 사건에 대하여 관할권을 가져야 하는 외에, 당해 사건이 그 외국법원에 대하여 합리적인 관련성을 가질 것이 요구된다고 할 것이고, 그와 같은 전속적인 관할합의가 현저하게 불합리하고 불공정하여 공서양속에 반하는 법률행위에 해당하지 않는 한 그 관할합의는 유효하다 할 것이다(대판 2011.4.28, 2009다19093; 대판 2010.8.26, 2010다28185; 대판 1997.9.9, 96다20093).

2. 국제재판관할에서의 변론관할
<**일본국에 주소를 둔 재외동포 甲이 일본국에 주소를 둔 재외동포 乙을 상대로 3건의 대여금**

---

12) 어느 법원에 제소할 수 있는가라는 토지관할에 관한 사항만 언급하면 되므로, 변론관할은 언급하지 않아도 무방하다. 최근의 판례를 소개하기 위해 편의상 언급하였다.

채무에 대한 변제를 구하는 소를 대한민국 법원에 제기한 사안 > 에서, 3건의 대여금청구 중 2건은 분쟁이 된 사안과 대한민국 사이에 실질적 관련성이 있어 대한민국 법원에 국제재판관할권이 인정되고, 나머지 1건도 당사자 또는 분쟁이 된 사안과 법정지인 대한민국 사이에 실질적 관련성이 있다고 볼 수는 없지만 변론관할에 의하여 대한민국 법원에 국제재판관할권이 생겼다고 봄이 타당하다(대판 2014.4.10, 2012다7571).

甲(서울 강남구 개포동 거주)은 乙(인천 거주)과 丙(의정부 거주)에게 甲의 소유인 수원시 소재 토지 1,000평을 10억 원에 팔았으나, 잔금 2억 원을 받지 못하고 있다. 이에 甲은 乙과 丙을 상대로 2억 원 매매대금청구의 소를 제기하고자 한다. 甲은 어느 법원에 제소할 수 있는가?[13]

답안 구성

---

13) 사법시험 제34회(1992)와 유사. <甲이 제소할 수 있는 법원은?>과 <어느 법원에서 담당할 수 있는가?>와의 차이점은 전자는 심급, 사물, 토지관할만 언급하면 되지만, 후자는 이외에도 합의, 변론관할을 모두 언급해야 한다.

I. 사안의 쟁점

위 사안의 소송물은 토지매매대금청구의 민사사건이다. 소는 피고의 보통재판적 소재지 법원에 속함이 토지관할의 원칙이다(제2조). 따라서 원고는 피고주소지에 소를 제기하여야 하지만, 피고 乙과 丙의 주소가 다르므로 관련재판적의 문제가 생긴다. 또한 재판적에는 보통재판적 이외에 특별재판적도 있으므로 그 밖의 다른 법원에도 관할이 있는지가 문제된다. 그리고 위 사안에서 명시되지는 않았지만, 합의관할 및 변론관할의 문제도 생긴다.

II. 심급관할(→ 직분관할 → 전속관할)

관할을 결정할 때 처음으로 생각해야 할 것은 심급관할이다. 이는 직분관할이며, 전속관할이다.

심급관할은 제1심이며, 수소법원의 직분관할이다. 만일 원고 甲이 소 제기 전이나 소 제기 후, 가압류를 신청할 때에는 수소법원에 해야 한다.

III. 사물관할

소송물 가액이 2억 원이므로 원칙적으로 지방법원 단독판사의 관할이다. 그러나

1. 단독판사는 소송이 자신의 관할에 속하더라도 상당하다고 인정될 경우에는 직권 또는 당사자의 신청에 의해 위 소송을 재정합의부의 결정에 따라 합의부로 이송할 수 있다(제34조 제2항 및 법원조직법 제32조 제1항 제1호).

2. 재정합의부 결정에 따라 합의부 관할이 될 수 있다(재정합의사건. 제34조 제3항).

3. 소 제기 전이든 후이든 단독판사의 관할에서 합의부 관할로의 관할합의가 이루어지면 합의부로 이송하여야 한다.

IV. 토지관할

1. 보통재판적

보통재판적은 피고 乙과 丙의 주소지인 인천지방법원과 의정부지방법원이다(제2조 및 제3조).

2. 특별재판적

재산권에 관한 소는 의무이행지 법원에 제소할 수 있다(제8조). 계약상 의무뿐만 아니라 법률 규정에 의하여 발생한 불법행위·부당이득·사무관리상의 의무를 전제로 한 청구도 재산권상의 소에 해당된다. 한편 부동산매매계약에 따른 매매대금은 부동산에 관한 소가 아니다. 따라서 부동산 소재지 법원인 수원지방법원은 적용되지 않고(제20조), 민사소송법 제8조만 적용된다.

위 사안의 특별재판적은 의무이행지인 서울중앙지방법원이다.

3. 관련재판적

乙과 丙을 상대로 한 공동소송이므로 제25조 제2항의 관련재판적이 적용되며, 제65조 전문에 해당하는 공동소송이 이에 해당한다. 즉, 공동피고 간에 실질적 견련관계가 있는 공동소송이면 어느 한 피고의 관할권이 있는 법원은 다른 피고에 대한 관할권이 없어도 병합하여 제소할 수 있다.[14] 위 사안에서 원고 甲은 乙과 丙을 공동피고로 한 것이므로 인천지방법원 또는 의정부지방법원에 소를 제기할 수 있다.

4. 관할권의 경합

보통재판적과 특별재판적을 적용하여 관할이 경합된 경우, 원고는 자신이 선택한 법원에 제소할 수 있다. 위 사안의 경우, 관련재판적에 따라 원고 甲은 인천지방법원, 의정부지방법원 및 서울중앙지방법원 중 어느 곳이든 선택하여 제소할 수 있다.

하지만 원고가 제소한 법원이더라도 현저한 손해나 지연을 피하기 위해서 법원의 재량에 의해 다른 관할법원으로 이송할 수 있다(제35조).[15]

V. 합의관할의 문제

1. 토지관할에 관한 합의

토지관할에 관하여 소 제기 전이든 이후든 당사자 사이의 합의에 따라 관할을 정할

---

14) 관련재판적 규정은 공동원고의 경우에도 적용된다.
15) 실무상 활용된 사례가 거의 없다.

수 있다. 위 사례의 토지관할 이외에 따로 관할을 정하여도 상관이 없고(부가적 합의관할), 위 토지관할을 포함한 다른 법원을 특정법원으로 한 관할의 합의도 인정된다(전속적 합의관할). 전자의 경우에는 법정관할 이외의 부가적 합의관할법원에 제소할 수 있지만, 후자의 경우에는 반드시 합의된 법원에 제소해야 한다. 그리고 소 제기 후에 한 전속적 합의관할은 이송의 문제가 생긴다.

2. 사물관할에 관한 합의

사물관할에 관한 합의에 대해서는 위에서 언급하였다.

Ⅵ. 관할권 없는 법원에 제소한 경우: 변론관할

甲이 관할을 위반하여 제소한 경우에는 해당 지방법원으로 이송하여야 한다.

첫째, 전속관할을 위반한 경우이다. 전속관할을 위반한 경우, 예컨대 가정법원이나 행정법원에 제소한 경우나 심급관할을 위반한 경우에는 해당 법원으로 이송하여야 한다.

둘째, 임의관할, 특히 토지관할을 위반하여 제소한 경우이다. 예컨대 위 사안에서 관할권이 없는 제주지방법원에 甲이 제소한 경우이다. 이 경우 법원은 먼저 피고의 응소를 기다린 후, 피고가 아무런 항변 없이 본안에 관하여 변론을 하였다면, 제주지방법원에 변론관할이 생긴다.[16) 만일 피고가 관할위반의 항변을 하면 법정관할법원으로 이송해야 한다.

그러나 이 경우 당사자에게는 이송신청권이 없다는 것이 판례의 입장이다.

Ⅶ. 사안의 해결

원고 甲이 제소할 수 있는 법원은 제1심인 인천지방법원, 의정부지방법원 및 서울중앙지방법원이 수소법원이며,[17) 어느 곳이든 제소가 가능하다. 일반적으로 원고 甲은 자신이 소송수행하기가 편리한 자신의 주소지인 서울중앙지방법원에 제소할 것이다.

---

16) 원고의 제소 후 제1회 변론기일 전에 임의관할 위반을 이유로, 피고의 항변 여부에 관계없이, 직권으로 이송결정한다는 것은 변론관할 규정에 위배된 해석이다(이동률, 채권자취소소송에서의 관할과 그 위반에 대한 이송결정, 비교사법 제23권 제1호, 2016년 3월, 271면 참조).
17) 심급관할의 표시인 제1심을 생략해도 무방하다고 본다. 지방법원 항소부를 제외하고는 지방법원 자체가 제1심이기 때문이다.

민사소송법 제34조 제1항에 규정된 당사자가 관할위반을 이유로 한 이송신청을 한 경우에도 이는 단지 법원의 직권발동을 촉구하는 의미밖에 없는 것이고, 따라서 법원은 이 이송신청에 대하여는 재판을 할 필요가 없고, 설사 법원이 이 이송신청을 거부하는 재판을 하였다고 하여도 항고가 허용될 수 없으므로 항고심에서는 이를 각하하여야 한다.

항고심에서 항고를 각하하지 아니하고 항고이유의 당부에 관한 판단을 하여 기각하는 결정을 하였다고 하여도 이 항고기각결정은 항고인에게 불이익을 주는 것이 아니므로 이 항고심 결정에 대하여 재항고를 할 아무런 이익이 없는 것이어서 이에 대한 재항고는 부적법한 것이다(대결(전) 1993.12.6, 93마524).

<**이에 대한 반대의 소수의견의 근거**>는 다음과 같다.

첫째, 민사소송법 제34조 제1항은 법원은 소송의 전부 또는 일부가 그 관할에 속하지 아니함을 인정한 때에는 결정으로 관할법원에 이송하도록 규정하고 있는바, 이는 피고의 관할이익을 보호하는 법원의 책무를 규정한 것으로 볼 것이지 이것이 피고의 이송신청권을 부정하는 취지라고 해석할 것이 아니다.

둘째, 당사자에게 법률상 관할위반을 이유로 하는 이송신청권이 있고 없고를 떠나서 법원이 일단 이송신청을 기각하는 재판을 하였으면 적어도 그에 대한 불복은 허용되어야 한다.

┏ 유제 ┓

A토지에 관하여 甲으로부터 乙 앞으로 매매를 원인으로 한 소유권이전등기가 마쳐져 있다. 甲은 乙을 상대로 乙이 등기관련 서류를 위조하여 위 등기를 이전하였다고 주장하면서 소유권이전등기 말소등기청구의 소를 제기하였다. 甲의 주소지는 광주이고, 乙의 주소지는 대전이다. 만일 甲이 수원지방법원에 제소한 경우, 이곳에 관할권이 생기는 경우를 설명하라.[18)]

┏ 해설 ┓

목차는 Ⅰ. 사안의 쟁점, Ⅱ. 토지관할(보통재판적과 특별재판적), Ⅲ. 합의관할, Ⅳ. 변론관할 및 Ⅴ. 사안의 해결의 순으로 구성하면 된다. 관련재판적도 언급할 수 있으나, 위 사안에서 공동소송이나 청구의 병합이 전혀 언급되지 않았으므로 '사족'이라 할 수 있다(감점은 아니다). 그리고 지정관할도 언급할 수 있는데, 실무상 거의 없으므로 설명하지 않아도 된다.

---

18) 사법시험 제50회(2008).

중요한 쟁점은 보통재판적이다. 주소복수주의로 인해(민법 제18조) 2군데 이상 있을 수 있다. 특별재판적은 근무지(제7조), 불법행위지(제18조), 부동산 소재지(제20조), 등기 및 등록할 공공기관 소재지(제21조) 등의 재판적을 언급하면 된다. 사무소·영업소가 있는 곳의 특별재판적이 성립될 수 있는지는 해석상 논란이 있을 수 있다(제12조).

그리고 합의관할과 변론관할은 의의와 그 요건을 간단히 언급하면 된다.

농업회사법인인 甲주식회사(본점 소재지: 경남 창원시)는 2016년 3월 "스피드 꿀"이라는 수박 품종을 개발하여 종자산업법에 따른 품종보호권 설정등록을 받았다. 그 후 乙(경북 상주시 거주)은 이른바 "이른부자꿀"이라는 명칭의 수박 종자를 생산하여 판매를 하자, 甲은 乙을 상대로 자신의 특허권리인 품종보호권을 침해하였다고 하여 종자산업법 제84조 제1항에 따라 2억 원의 손해배상을 청구하고자 한다. 이 경우 甲주식회사가 제소할 수 있는 법원은?(토지관할만 언급할 것)

답안 구성

 사례 풀이

I. 사안의 쟁점

위 사안은 특허권 등 지식재산권의 침해로 인한 손해배상청구의 민사사건이다. 이러한 소는 전문적인 지식이 필요하므로 전문재판부가 설치된 법원에서 심리하도록 특별재판적을 인정하였고, **전속관할**로 하였다(제24조 제2항). 따라서 이러한 소는 합의관할이나 변론관할이 성립할 수가 없다.

II. 토지관할

1. 특허권 등에 관한 소에 대한 특별재판적의 전속관할

특허권 등의 지식재산권에 관한 소의 특별재판적은 보통재판적과 특별재판적 소재지를 관할하는 고등법원 있는 곳의 지방법원이고, 또한 **전속관할**이다(제24조 제2항 전문). 그러므로 대구지방법원(제24조 제2항)과 부산지방법원(제8조 및 제24조 제2항) 2곳의 법원에만 소를 제기해야 한다.[19]

한편 원고는 위 2곳의 법원 이외에 소위 선택적 중복관할로서 서울중앙지방법원에도 제소할 수 있다(제24조 제3항). 특허권 등의 지식재산권에 관한 소에만 특별히 선택적 중복관할을 인정하였다.

2. 이송 여부

1) 위 특별재판적을 위반하여 제소한 경우, 전속관할 위반이므로 해당 법원으로 이송하여야 한다.

2) 원고가 민사소송법 제24조 제2항과 제3항에 의한 법원에 제소한 경우이더라도, 현저한 손해나 또는 지연을 피하기 위하여 필요한 때에는 직권 또는 당사자의 신청으로 민사소송법 제2조 내지 제23조의 원래의 지방법원[20]으로 이송할 수 있다(제36조 제3항).

---

19) 창원의 경우, 고등법원 소재지의 지방법원은 부산지방법원과 창원지방법원 2군데가 있다. 해석상 창원지방법원도 특별재판적이 될 수도 있다.

20) 이 경우 '지방법원'의 해석상 '지원'이 포함될 수 있다고 볼 수 있지만, 전문재판부의 설치가 있는 법원으로 한정한 입법취지상 '지원'은 포함되지 않는다고 보는 것이 타당하다. 위 사례의 경우 지원이 포함된다면 대구지방법원 상주지원이 된다.

Ⅲ. 사안의 해결

원고 甲주식회사가 제소할 수 있는 법원은 대구지방법원, 부산지방법원 및 서울중앙지방법원이며, 이 중 어느 곳이든 가능하다. 하지만, 특별재판적을 인정한 이유는 전문재판부를 설정을 예상한 것이므로 지방법원 또는 지원에 특허권 등 지식재산권에 관한 전문재판부가 없다면 이 취지에 잘 부합될 지는 의문이다.

그리고 사물관할은 원칙적으로 단독판사의 관할이다.21)

---

21) 참고로 특허권 등 사건의 경우, 제1심이 단독판사의 사물관할이더라도 항소심은 특허법원이다(법원조직법 제28조의4 2호).

甲(강원도 강릉 거주)은 해외에 서버를 두고 있는 'alltv.net' 사이트 등 해외 동영상 공유 사이트에 KBS 방송프로그램 8547개를 무단복제해 게시하였다. 그리고 2013년 12월부터 '핫팡 (www.hotpang.com)' 등 11개 사이트를 개설한 다음, 해외 동영상 사이트에 게시된 방송 프로그램을 아무런 제한없이 재생할 수 있도록 임베디드 링크한 게시물을 작성했다. 이에 ㈜ KBS(서울 여의도구 여의공원로 소재)는 2018년 2월 "甲이 동 회사 프로그램에 관한 저작재산권인 공중송신권을 침해하였다."며 2억 원 손해배상청구의 소를 제기하고자 한다. ㈜ KBS 가 제소할 수 있는 법원은?(토지관할만 언급할 것)

〈참고〉임베디드 링크(Embedded Link): 링크에 연결된 사이트를 찾아가지 않고도 동영상 등을 해당 페이지에서 직접 재생할 수 있는 방식

답안 구성

I. 사안의 쟁점

위 사안은 특허권 등을 제외한 지식재산권에 관한 민사사건이다. 이러한 사건은 전문적인 지식이 필요하므로 전문재판부가 설치된 법원에서 심리할 수 있도록 특별재판적을 인정하고 있다(제24조 제1항). 특허권 등 지식재산권에 관한 소와 특허권 이외의 지식재산권에 관한 소[22]의 차이점은 전자는 특별재판적으로 인정된 법원만을 전속관할로 규정하였고, 후자는 원래의 인정된 토지관할 이외에 임의관할로서 특별재판적을 부가적·중첩적인 의미에서 인정한 것이다.

II. 토지관할

1. 보통재판적과 특별재판적

보통재판적은 피고의 주소지 법원인 춘천지방법원 강릉지원(제2조 및 제3조), 특별재판적은 의무이행지 법원인 서울남부지방법원(제8조)이다.

또한 특허권 이외의 지식재산권에 관한 소에 대한 특별재판적은 춘천지방법원(제24조 제1항 본문)과 서울중앙지방법원(제24조 제1항 단서)이다.

따라서 춘천지방법원 강릉지원, 서울남부지방법원, 춘천지방법원 및 서울중앙지방법원에 관할의 경합이 생기고, 원고는 이 중 어느 곳이든 제소할 수 있다.

2. 소송의 이송

1) 위 법정관할법원 이외의 법원에 제소한 경우에는 직권으로 해당 법원으로 이송해야 한다(제34조 제1항).

2) 위 법정관할법원이더라도 현저한 손해나 지연을 피하기 위해서 직권 또는 당사자의 신청에 의해 다른 관할법원으로 이송할 수 있다(제35조). 일반재량이송의 경우이다. 해석상 위의 법정관할법원 중의 하나를 선택해야 한다.

3) 또한 원고가 민사소송법 제24조 제1항에 의한 특별재판적이 아닌 토지관할법원에 제소한 경우, 소송절차를 현저하게 지연시키는 경우가 아니면 직권 또는 당사자의

---

22) 저작권 및 영업비밀이나 데이터베이스 등에 관한 소송이며, 국제거래에 관한 소도 마찬가지이다.

신청에 의해 결정으로 해당 소송을 제24조 제1항에 따른 특별재판적인 서울중앙지방법원이나 춘천지방법원으로 이송할 수 있다(제36조 제1항).

Ⅳ. 합의관할

토지관할에 관하여 소 제기 전이든 이후든 당사자 간의 합의에 따라 관할을 정할 수 있다. 위에서 말한 토지관할 이외에 따로 관할을 정하여도 상관이 없고(부가적 합의), 위 토지관할을 포함한 다른 법원을 특정법원으로 한 관할의 합의도 인정된다(전속적 합의). 그러나 소 제기 후에 한 전속적 관할의 합의는 이송의 문제가 생긴다.

그러나 민사소송법 제24조 제1항의 법원 이외의 법원을 합의관할로 인정한다는 것은 입법취지가 몰각될 가능성이 있다.

Ⅵ. 변론관할

변론관할이 발생할 수 있는 경우는 임의관할, 특히 토지관할을 위반하여 제소한 경우이다. 법원은 먼저 피고의 응소를 기다린 후, 피고가 아무런 항변 없이 본안에 관하여 변론하거나 변론준비기일에 진술한 경우에는 제소된 법원에 관할이 생긴다(제30조).

만일 피고가 관할위반의 항변을 하면 해당 법원으로 이송해야 한다. 그러나 이 경우 당사자에게는 이송신청권이 없다는 것이 판례의 입장이다.

그러나 합의관할과 마찬가지로 민사소송법 제24조 제1항의 법원 이외의 법원을 변론관할로 인정할 수 있다는 것은 본래의 입법취지가 몰각될 가능성이 있다.

Ⅶ. 사안의 해결

원고 ㈜ KBS가 제소할 수 있는 법원은 춘천지방법원 강릉지원, 서울남부지방법원, 춘천지방법원 및 서울중앙지방법원이며, 이 중 어느 곳에든 제소가 가능하다. 하지만, 지식재산권에 관한 소에 대한 특별재판적을 인정한 이유는 전문재판부를 설정한 것이므로 지방법원 또는 지원에 전문재판부가 없다면 이 취지에 잘 부합될지는 의문이다.

甲(주소지: 전라북도 전주시)은 2017.7.31. 乙(주소지: 서울 강동구 명일동)로부터 경기도 수원시 장안구 병무청 근처 지상 4층 건물(이하 '이 사건 건물'이라 함) 중 1층 점포 100평을 보증금 3억 원, 월차임 200만 원에 임차하여 '화성유통' 상호로 가게를 운영하였다. 그리고 임대차계약서 말미에 "이 사건 건물의 임대차와 관련된 甲과 乙 사이의 모든 분쟁은 서울동부지방법원을 관할법원으로 한다."라고 약정을 하였다.

한편, 甲은 2018.4.20. 乙에 대한 위 임대차보증금 3억 원의 반환채권(이하 '이 사건 채권'이라 함)을 丙(주소지: 서울 노원구)에게 양도하고, 丙은 2018.4.20. 乙에게 '이 사건 채권'의 양도통지서를 내용증명우편물로 발송하였다. 우체국 소속 집배원인 A는 2018.4.21. 위 양도통지서의 우편물을 배달하기 위해 위 乙의 주소에 방문하였으나, 乙의 회사 동료라고 밝힌 丁에게 위 우편물을 교부하고 서명을 받았다. 하지만, 丁은 위 우편물을 乙에게 전달하지 않았다(아래의 각 문항은 서로 관계 없음).

(1) 〈추가된 사실관계〉 丙은 적법하게 '이 사건 채권'의 양도 사실을 인정받지 못하여 위 채권을 행사할 수 없게 되었다. 그리하여 甲의 다른 채권자가 乙로부터 위 임대차보증금을 전액 회수해 갔으며, 또한 甲은 현재 무자력 상태에 있다. 그리하여 丙은 우편집배원 A의 감독기관인 국가를 상대로 소를 제기하고자 한다. 이 경우 피고의 관할법원과 소장의 피고란 필수적 기재사항은?

(2) 甲과 乙 사이의 위 합의관할은 丙에게 그 효력이 있는가?[23]

답안 구성

---

23) 변호사시험 제1회(2012)와 유사, 20점.

I. 피고의 관할법원

국가의 보통재판적은 대법원 소재지인 서울중앙지방법원과 법무부장관 소재지인 수원지방법원 안양지원이다(제6조).

II. 소장의 피고란 필수적 기재사항

피고: 대한민국

대표자(법정대리인): 법무부장관

송달장소: 경기도 과천시 관문로 47

『사례 풀이 2』

I. 사안의 쟁점

합의관할의 효력은 상속인과 같은 일반승계인에게 당연히 미치나, 그 이외에 임대보증금반환채권의 승계인, 즉 특정승계인에게도 그 효력이 미치는지가 쟁점이다.

II. 합의관할의 의의와 요건

1. 합의관할의 의의

합의관할이란 당사자는 합의로 일정한 법률관계에 대한 소에 관하여 서면으로 제1심 관할법원을 정할 수 있는 것을 말한다(제29조).

2. 합의관할의 요건

합의관할의 요건은 다음과 같다.

첫째, 제1심 법원의 임의관할이어야 한다.

둘째, 합의 대상인 법률관계가 특정되어야 한다.

셋째, 서면으로 작성되어야 한다.

넷째, 관할법원의 특정이 있어야 한다.

그리고 합의의 시기는 소송 전이나 후에 해도 상관없다.

설문의 경우 "이 사건 건물의 임대차와 관련된 甲과 乙 사이의 모든 분쟁은 서울동부지방법원을 관할법원으로 한다."는 내용으로 임대차계약서 말미에 특약을 하였으므로 甲과 乙 사이의 관할 합의의 요건을 모두 갖추었으므로 유효하다.

3. 관할 합의의 유형

관할 합의의 유형에는 법정관할 외에 추가로 다른 법원을 관할법원으로 정하는 부가적 합의와 특정의 법원에만 관할권을 인정하는 전속적 합의가 있다. 관할의 합의가 이 중 어느 것인지 불분명할 때에는 법정관할법원 중 어느 하나를 특정한 합의는 전속적이지만, 그렇지 않은 경우에는 부가적 합의로 보는 것이 당사자의 의사에 부합한다.

판례도 "당사자들이 법정관할법원에 속하는 여러 관할법원 중 어느 하나를 관할법원으로 하기로 약정한 경우, 그와 같은 약정은 그 약정이 이루어진 국가 내에서 재판이 이루어질 경우를 예상하여 그 국가 내에서의 전속적 관할법원을 정하는 취지의 합의라고 해석될 수 있다."는 입장이다.[24]

설문의 경우 甲의 주소지는 전주시이고, 乙의 주소지는 서울 강동구이다. 토지관할법원은 전주지방법원과 서울동부지방법원이 된다(제2조, 제3조 및 제8조). 그런데 甲과 乙은 서울동부지방법원을 관할법원으로 합의하였으므로 전속적 합의관할이 된다.

Ⅲ. 합의관할의 주관적 효력

1. 주관적 효력 범위

원칙적으로 합의관할은 당사자 사이의 합의이므로 당사자와 상속인과 같은 일반승계인에게만 효력이 있다. 따라서 제3자에게는 그 효력이 없다.

2. 특정승계인에게 합의관할의 효력이 미치는지 여부

소송물인 권리관계가 물권인 경우, 당사자가 그 내용을 자유롭게 변경할 수 없고, 합의내용을 등기부상 공시할 수 없으므로 물권승계인에게는 그 효력이 없다.

---

24) 대판 2008.3.13, 2006다68209.

다만, 예외적으로 소송물인 권리관계가 당사자 사이에 자유로이 정할 수 있는 지명채권의 경우 양수인도 변경된 내용의 권리를 양수받았다고 볼 수 있으므로 양수인에게도 채권양도인과 채무자 사이의 합의관할의 효력이 미친다고 할 수 있다. 따라서 임대보증금반환채권의 승계인(특정승계인 丙)에게는 그 효력이 있다(대결 2006.3.2, 2005마902).

Ⅳ. 사안의 해결

1. 합의관할의 요건을 모두 충족하였고,
2. 합의관할의 효력은 丙에게 미친다.

그러므로 서울동부지방법원에 제소할 수 있다.

참조판례 합의관할의 주관적 효력 범위

관할의 합의는 소송법상의 행위로서 합의 당사자 및 그 일반승계인을 제외한 제3자에게 그 효력이 미치지 않는 것이 원칙이지만, 관할에 관한 당사자의 합의로 관할이 변경된다는 것을 실체법적으로 보면, 권리행사의 조건으로서 그 권리관계에 불가분적으로 부착된 실체적 이해의 변경이라 할 수 있으므로, 지명채권과 같이 그 권리관계의 내용을 당사자가 자유롭게 정할 수 있는 경우에는, 당해 권리관계의 특정승계인은 그와 같이 변경된 권리관계를 승계한 것이라고 할 것이어서, 관할합의의 효력은 특정승계인에게도 미친다(대결 2006.3.2, 2005마902).

경상북도 포항시에 주소를 둔 원고 A는 강원도 원주시에 본점을 둔 '소외 C회사'에 대하여 10억 원 상당의 약속어음공정증서상 어음채권을 가지고 있었다. 한편 소외 C회사는 자신의 전 재산인 강원도 고성군 토성면 청간리 소재 부동산들을 인천시에 본점을 둔 B에게 매도하고 소유권이전등기까지 마쳤다.

그러자 원고 A는 피고 B와 소외 C회사 사이의 위 매매계약을 사해행위로서 취소하고, 피고 B에게 위 소유권이전등기 말소등기절차이행을 구하는 소를 원고 A의 주소지 관할법원인 대구지방법원 포항지원에 제기하였다.

이에 대해 대법원 판결은 사해행위취소의 소에 있어서의 의무이행지는 '취소의 대상인 법률행위의 의무이행지'가 아니라 '취소로 인하여 형성되는 법률관계에 있어서의 의무이행지'라고 보아야 한다. 부동산등기의 신청에 협조할 의무의 이행지는 성질상 등기지의 특별재판적에 관한 민사소송법 제21조에 규정된 '등기 또는 등록할 공공기관이 있는 곳'이라고 할 것이므로, 원고 A가 사해행위취소의 소의 채권자라고 하더라도 사해행위취소에 따른 원상회복으로서의 소유권이전등기 말소등기의무의 이행지는 그 등기관서 소재지라고 볼 것이지, 원고의 주소지를 그 의무이행지로 볼 수는 없다. 그리하여 "관할위반을 이유로 사건을 부동산의 소재지 관할 법원인 춘천지방법원 속초지원으로 이송한 제1심 법원의 조치를 유지한 원심결정의 결론은 정당하다."고 하였다. 위 대법원 결정에 대한 이론적 타당성을 논평하라.

답안 구성

I. 사안의 쟁점

위 사안에서 당사자는 원고 A와 피고 B이고, 이를 기준으로 인적 재판적이 결정된다. 그리고 소송물은 사해행위 취소의 소와 소유권이전등기 말소등기절차이행의 소라는 2개이고, 이를 기준으로 물적 재판적이 결정된다.

II. 소송물

소송물을 분석하면 다음과 같이 2개이다.

첫째, 피고 B와 소외 C회사 사이의 위 매매계약이 사해행위로서 취소하는 것이고,

둘째, 소외 C회사는 피고 B에게 부동산소유권이전등기 말소등기절차이행을 구하는 것이다.

따라서 소송물은 (i) 사해행위 취소의 소라는 형성의 소와 (ii) 말소등기절차이행의 소라는 이행의 소라는 2개의 별개 소송물이고, 또한 청구의 병합이다. 양 소송물은 재산권에 관한 소, 즉 채권에 관한 소이다. 따라서 당연히 민사소송법 제8조가 적용된다.

이러한 2개의 소송물을 기준으로 각각의 특별재판적이 적용되며, 또한 민사소송법 제25조의 관련재판적도 적용된다.

III. 특별재판적에 관한 해석상 문제점

사안에서 판례가 특별재판적 해석을 잘못한 점이 문제가 된다. 즉, 사해행위 취소의 소에서 판례와 같이 '취소에 의하여 형성되는 법률관계에 있어서의 의무이행지'로 해석한다고 하더라도 민사소송법 제21조만 적용하고, 동법 제8조를 배척한 점이다.

그리고 다른 소송물인 소유권이전등기 말소등기절차이행의 소는 부동산에 관한 소이고, 등기에 관한 소이며, 아울러 재산권의 소이므로 동법 제8조 및 제20조 및 제21조가 당연히 적용된다.

그러므로 판례가 소송물을 1개로 해석한 점에 오류가 있다. 특별재판적은 하나의 민사사건에 여러 개 있을 수 있기 때문이다. 설혹 판례이론을 그대로 따르더라도 동법 제21조도 적용된다.

Ⅳ. 직권이송의 타당성 여부

토지관할위반인 경우, 변론관할 성립 여부에 대한 심리 없이 직권으로 이송한 것은[25] 민사소송법 제30조 변론관할 규정을 정면으로 위반한 것이다.

Ⅴ. 결 론

위 사안의 토지관할은 다음과 같다.

보통재판적은 피고 B의 주소지법원인 인천지방법원(제5조)이고, 특별재판적은 원고의 주소지 법원인 대구지방법원 포항지원(제8조)과 춘천지방법원 속초법원(제20조 및 제21조)이다.

원고 A는 위 3개 어느 법원에나 제소할 수 있다. 그 법적 근거는 보통재판적과 특별재판적 및 관련재판적을 적용한 결과이다.

그러므로 토지관할위반으로 한 이송결정은 민사소송법 해석을 그르친 것으로 판단된다. 그리고 임의관할위반인 경우, 변론관할의 성립 여부를 판단하지 않고 법원이 직권으로 이송결정을 한 것은 민사소송법 제30조를 잘못 해석한 것이다.

---

25) 법원이 직권으로 이송결정을 하는 때에는 당사자의 의견을 들을 수 있지만(민사소송규칙 제11조 제2항), 민사소송법 제34조 제1항의 관할 위반인 경우에는 적용되지 않는다.

사례 Ⅱ-8

甲은 2018.8.1. 乙을 상대로 경기도 여주시 소재 토지 1,000평에 대한 소유권이전등기의 소를 수원지방법원에 제기하였고, 이 사건은 동 법원의 민사 1부 합의부에 배당되었다. 배석판사 A와 원고 甲이 아래와 같은 관계에 있다면, 법원은 어떠한 조치를 취하여야 하는가?

(1) 위 소송의 분쟁 대상인 된 토지는 종중재산이고, 甲과 A는 동일한 종중원이다. 그리고 甲이 위 종중의 대표자인 경우?

(2) 위 소송의 분쟁 대상인 토지가 甲과 A의 합유재산인 경우?

(3) 위 소송의 분쟁 대상인 토지가 甲과 A의 공유재산인 경우?

답안 구성

Ⅰ. 사안의 쟁점

분쟁대상인 토지소유권이 甲과 A의 공동소유가 총유, 합유, 공유로 된 경우, 법관의 제척이유에 해당하는지가 쟁점이다.

Ⅱ. 총유관계에 있는 경우

총유에 관한 소송에서 해당 단체는 당사자능력이 있고, 그 대표자가 법정대리인이다. 총유와 관련된 분쟁에 관하여 당사자 일방과 동일한 종중원인 법관이 해당사건을 담당한 경우 제척이유가 되는지가 문제된다.

판례는 법관 자신이 담당한 종중 내부의 사건에서 법관이 해당 종중원인 경우에는 종중이 아닌 어느 일방 당사자와 공통되는 법률상 이해관계를 가지므로 민사소송법 제41조 제1호의 '공동권리자 · 공동의무자의 관계'에 해당한다고 하였다(대판 2010.5.13, 2009다102254).

Ⅲ. 합유관계에 있는 경우

합유자는 각자의 지분을 가지고 있으므로(민법 제273조 제1항) 법관 자신이 합유자 중한 명이라면, 공동권리자에 해당된다고 할 수 있다.

한편 조합의 당사자능력을 대법원 판례는 부정하고 있으므로 합유에 관한 소송은 고유필수적 공동소송이며, 조합원 전원이 공동으로 소송을 수행해야 한다. 조합원의 소송수행방안은 다음과 같다.

첫째, 조합원 전원이 소송을 수행하는 경우이다. 이 경우는 필수적 공동소송이므로 조합원 전원 가운데 법관도 포함되고, 법관이 현재 소송계속 중인 당해사건의 '당사자'로서 제척이유에 해당한다(제41조 제1호).

둘째, 조합원 가운데 한 명 또는 여러 명의 선정당사자를 선정하는 경우이다. 이 경우 선정당사자가 소송당사자이므로 법관이 그 중에 포함되면 '당사자'로서 당연히 제척이유에 해당된다. 한편 법관이 선정자인 경우에도 기판력을 적용받으므로 '당사자'에 해당하며, 제척이유에 해당한다(제41조 제1호).

셋째, 조합원 가운데 임의적 소송담당자를 선임한 경우, 그 법적 성격이 선정당사자와 같으므로 위의 선정당사자의 경우와 동일하게 취급된다(제41조 제1호).

결론적으로 합유에 관한 소송은 필수적 공동소송이므로 조합원 전원이 소송을 하거나, 선정당사자나 임의적 소송담당자를 활용한다고 하더라도 '공동권리자'가 아니라 민사소송법 제41조 제1호의 '사건의 당사자'에 해당한다. 그러므로 '공동권리자'에는 합유가 포함되지 않는다.

Ⅳ. 공유관계에 있는 경우

법관이 소송의 목적인 권리의 공유자이면서 또한 소송당사자인 경우에는 당연히 제척이유에 해당한다.

구체적으로 공유물인도청구의 소 등은 원칙적으로 통상공동소송이므로 공유자 각자 따로 소송을 할 수 있고, 공유물분할청구나 경계확정의 소의 경우는 필수적 공동소송이다.

전자의 경우는 공유자 중 한 사람이 제기한 경우[26)]에는 법관과 원고는 공유관계이므로 '공동권리자'에 해당된다(제41조 제2호). 후자의 경우, 법관 자신은 공동원고 또는 공동피고 중의 한 사람이므로 합유관계의 경우처럼 소송당사자이다.

참조판례 **제척이유로서의 공동권리자**

> 피고 종중의 종중원인 A 판사는 이 사건 당사자인 원고들과 마찬가지로 피고 종중 규약의 내용에 따라 피고 종중 소유 재산, 기타 권리의무 관계에 직접적인 영향을 받을 수 있는 지위에 있다. 원고들은 이 사건 소를 통하여 피고 종중 규약을 개정한 이 사건 결의의 무효를 주장하였고, 원고들 주장의 무효사유 인정 여부에 따라 원고들뿐만 아니라 A 판사의 종중에 대한 법률관계에 적용될 이 사건 결의에 따른 피고 종중 규약의 효력이 부인될 수 있다. 따라서 A 판사는 이 사건 소의 목적이 된 이 사건 결의의 무효 여부에 관하여 원고들과 공통되는 법률상 이해관계를 가진다고 볼 수 있어 민사소송법 제41조 제1호 소정의 당사자와 공동권리자·공동의무자의 관계에 있는 자에 해당한다(대판 2010.5.13, 2009다102254).

---

26) 실제로는 전혀 없을 것으로 예상되지만, 이론상으로는 법관 혼자서 소송당사자인 원고 또는 피고가 될 수 있다.

『사례 Ⅱ-9』

甲은 2018.9.1. 乙을 상대로 2억 원 손해배상청구의 소를 제기하였다. 이 사건을 담당한 재판장 A는 甲과는 절친한 대학 동기생이며, 같은 아파트에서 거주하고 있다. 이를 이유로 乙은 기피신청을 하였지만, 재판장은 이를 무시하고 그대로 절차를 진행시켜 판결까지 하였다. 이 판결은 효력이 있는가?

답안 구성

I. 사안의 쟁점

기피신청이 있는 경우 법원은 본안소송절차를 정지시켜야 하는지, 그리고 이를 무시한 채 본안판결을 선고한 경우, 그 판결의 효력을 인정할 수 있는지가 쟁점이다.

II. 본안소송절차의 정지

1. 본안의 소송절차 정지

당사자의 기피신청이 있는 경우 법원은 기피에 관한 재판이 확정될 때까지 소송절차를 정지하여야 한다. 다만, ① 간이각하 결정을 하는 경우, ② 종국판결을 선고하는 경우, ③ 긴급을 요하는 행위를 하는 경우에는 예외적으로 소송절차를 정지하지 않아도 된다(제48조).

2. 판결을 한 경우

법원은 기피신청이 있으면 본안절차는 기피재판이 확정될 때까지 정지하여야 한다. 만일 법원이 이를 무시하고 절차를 계속 진행한 경우, 후에 기피신청이 기각되었다면 그 하자가 치유될 수 있는지 여부에 대하여 견해가 대립된다.

1) 학 설

(1) 적극설은 절차의 신속·원활한 진행을 위하여 절차 속행의 하자가 무조건적으로 치유된다고 본다.

(2) 소극설은 기피신청한 자는 기피재판이 확정될 때까지 일체의 소송행위를 하지 않을 것이므로 이를 무시한 절차의 속행은 기피신청한 자의 절차권의 침해이고 중대한 하자이므로 치유되지 않는다고 본다.

(3) 절충설은 절차 속행의 모든 경우가 아니라 절차를 속행했더라도 기피신청자의 소송상 이익이 침해되지 않은 경우, 즉 긴급하지 않은 행위에 대하여 기피신청자가 소송행위를 한 때에 한하여 위법성이 치유된다고 본다.

2) 판 례

판례는 "기피신청을 당한 법관이 그 기피신청에 대한 재판이 확정되기 전에 한 판결의 효력은 그 후 그 기피신청이 이유 없는 것으로서 배척되고 그 결정이 확정되는 때에는 유효한 것으로 된다.[27]"라는 적극설의 입장이었다가, 최근 "기피신청에 대한 각하결정 전에 이루어진 변론기일의 진행 및 위 각하결정이 당사자에게 고지되기 전에 이루어진 변론기일의 진행은 모두 민사소송법 제48조의 규정을 위반하여 雙方不出席의 효과를 발생시킨 절차상 흠결이 있고, 특별한 사정이 없는 이상, 그 후 위 기피신청을 각하하는 결정이 확정되었다는 사정만으로 민사소송법 제48조의 규정을 위반하여 雙方不出席의 효과를 발생시킨 절차 위반의 흠결이 치유된다고 할 수 없다.[28]"는 소극설을 취하기도 하였다.

3) 사 견

모든 경우에 하자가 치유되지 않는다고 보면 소송경제에 반하고, 이와 반대로 모든 경우에 하자의 치유를 인정하면 당사자의 절차권 침해를 인정하는 결과가 된다. 기피신청자가 긴급하지 않은 행위에 대하여 일단 소송행위를 한 이상, 신청자의 소송상 이익을 침해하지 않았으므로 절충설이 타당하다.

Ⅲ. 사안의 해결

기피신청의 목적은 사라진 것이므로 기피신청에 대한 재판을 할 이익이 없다.[29]

사안의 경우, 甲이 기피재판 이전에 본안판결이 선고되었다면 기피재판을 기다려 즉시항고를 할 수 있는 것은 아니고, 본안판결에 대하여 항소를 제기하여야 한다.

참조판례 | 기피신청 간과한 판결의 효력

기피신청에 대한 각하결정 전에 이루어진 변론기일의 진행 및 위 각하결정이 당사자에게 고지되기 전에 이루어진 변론기일의 진행은 모두 민사소송법 제48조의 규정을 위반하여 雙方不出席의 효과를 발생시킨 절차상 흠결이 있고, 특별한 사정이 없는 이상, 그 후 위 기피신청을 각하하는 결정이 확정되었다는 사정만으로 민사소송법 제48조의 규정을 위반하여 雙方不出席의 효과를 발생시킨 절차 위반의 흠결이 치유된다고 할 수 없다(대판 2010.2.11, 2009다78467 · 78474).

---

27) 대판 1978.10.31, 78다1242.
28) 대판 2010.2.11, 2009다78467, 78474.
29) 법관에 대한 기피신청에도 불구하고 본안사건 담당 법원이 민사소송법 제48조 단서의 규정에 의하여 본안사건에 대하여 종국판결을 선고한 경우에는 그 담당 법관을 그 사건의 심리재판에서 배제하고자 하는 기피신청의 목적은 사라지는 것이므로 기피신청에 대한 재판을 할 이익이 없다(대결 2008.5.2, 2008마427).

표 6 법관의 제척 · 기피 · 회피

		제 척	기 피	회 피
의 의		법률에 의해 당연히 직무에서 배제되는 것	법관에게 공정한 재판을 기대하기가 어려운 사정이 있는 때	법관 스스로 직무를 회피
제척이유 (§41), 기피이유 (§43 ①)		(1) 법관 또는 배우자(과거의 배우자) ① 당사자인 경우 ② 당사자와 공동권리자, 공동의무자, 상환의무자 관계 (2) 법관이 당사자와 친족의 관계에 있거나 그러한 관계에 있었을 때 (3) 법관이 사건에 관하여 증언이나 감정을 하였을 때 (4) 법관이 사건당사자의 대리인이었거나 대리인이 된 때 (5) 법관이 불복사건의 이전심급의 재판에 관여하였을 때	공정한 재판을 기대하기 어려운 객관적 사정(§43 ①)	제척 · 기피이유가 있을 것
행사시기		(1) 소송계속 중 어느 때 (2) 상소심도 가능	(1) 원칙: 기피이유가 있는 즉시 (2) 예외: 기피이유를 알면서도 변론 또는 진술한 때에는 기피신청 불가(§43 ②).	
절차	신 청	(1) 직권(§42) (2) 당사자: 합의부 법관은 그 합의부에, 수명법관 · 수탁판사 또는 단독판사는 그 법관에게 이유를 밝혀 신청(§42, §44 ①) (3) 제척이유와 소명방법을 신청한 날부터 3일 내 서면으로 제출(§44 ②)	× (1) 당사자: 합의부 법관은 그 합의부에, 수명법관 · 수탁판사 또는 단독판사는 그 법관에게 이유를 밝혀 신청(§42, §44 ①) (2) 기피이유와 소명방법을 신청한 날부터 3일 내 서면으로 제출(§44 ②)	감독권 있는 법원의 허가(§49)
	재 판	(1) 간이 각하: 법원 또는 법관 ① 신청방식에 위배된 경우(§45 ① 전단) : 기피이유 불명시 또는 신청이유와 소명방법을 서면으로 3일 내 미제출 ② 소송지연을 목적으로 한 경우가 분명한 경우(§45 ① 후단) (2) 제척(기피)신청에 대한 재판은 신청받은 법관의 소속법원 합의부(재정합의부)가 결정으로 재판(§46 ①)		
	불 복	① 정당한 이유 있는 제척(기피)결정은 불복불가(§47 ①) ② 각하결정 및 기각결정은 즉시항고 가능(§47 ②)		
	간과 판결시	① 확정 전: 상고(§424 ① 2호) ② 확정 후: 재심(§451 ① 2호)	상고 × , 재심 ×	
효 과		법률에 의해 당연히 직무배제: 확인적 성질의 재판	기피재판에 의해: 형성적 성질의 재판	(1) 회피허가: 재판 × (2) 회피허가 후 사건에 관여 하더라도 효력에 영향 無
		(1) 본안소송절차의 정지(§48 본문). – 예외: 제척·기피신청이 각하된 경우, 종국판결 선고 또는 긴급을 요하는 행위 (§48 단서) (2) 소송절차의 정지없이 진행한 경우 ① 판결선고시: 불복절차는 상소(항고불가) ② 정지 없이 판결 등 소송행위를 한 후 – 기피결정: 위법(상고 또는 재심이유, §424 ① 2호와 §451 ① 2호) – 기피신청기각 · 각하결정이 확정된 경우: 유효 또는 치유불가		

III

당사자

甲은 2017년 9월 1일 乙에게 3,000만 원을 빌려 주었으나, 변제일이 지나도 갚지 않고 있다. 다음 각 설문에 답하시오.

(1) 甲의 배우자 丙이 乙을 상대로 대여금반환청구의 소를 제기하였다. 이 소는 적법한가?

(2) 위 사례에서 甲은 乙의 배우자 丙 명의로 금전소비대차계약을 체결하였으나, 甲은 乙을 상대로 대여금반환청구의 소를 제기하였다. 이 경우, 소송 중 피고를 乙에서 丙으로 변경할 수 있는가?

답안 구성

Ⅰ. 사안의 쟁점

위 사안의 소송당사자는 甲과 乙이고, 제3자인 丙은 소송당사자가 아니다. 다만, 소액사건이므로 甲의 소송대리인으로서의 자격이 있으므로 소송수행은 할 수 있다.

Ⅱ. 당사자의 개념

민사소송의 당사자는 법률관계를 형성한 사람이다. 즉, 실체법상의 권리자와 의무자가 대부분 당사자가 된다.

그러나 실제 소송에서는 실체법과는 관계없이 자신이 권리자로 주장하는 자가 원고가 되며, 피고는 원고에 의해서 의무자라고 지정된 자이면 당사자가 된다. 이러한 당사자개념을 형식적 당사자개념이라고 한다.

따라서 위 사안에서 당사자는 丙과 乙이다. 원칙적으로는 부적법 각하판결을 내려야 한다.

Ⅲ. 소송대리인으로서는 가능

3,000만 원 이하의 소액사건의 경우 당사자의 배우자, 직계혈족, 형제자매가 소송대리인이 될 수 있다.

따라서 甲의 배우자 丙은 甲의 소송대리인으로 소송수행할 수 있다(소액사건심판법 제8조). 이 경우에는 법원의 허가 없이 가족관계부 등 甲의 배우자임을 증명하는 서류만 제출하면 된다.

한편 甲의 직계혈족, 즉 甲의 부모나 자식도 소송이 가능하다. 비록 미성년인인 자식이라도 소송대리인으로 가능하다(민법 제117조).[1]

Ⅳ. 사안의 해결

丙은 소송당사자로는 소를 제기할 수 없으나, 소송대리인으로서 소를 제기할 수 있다.

---

[1] 참고로 청구금액이 1억 원 이하의 경우에는 법원의 허가를 얻어 배우자 또는 4촌 이내의 친족도 소송대리인이 될 수 있다(제88조 제1항 및 규칙 제5조 제2항 제1호).

Ⅰ. 사안의 쟁점

원고가 피고를 잘못 지정한 것이 분명한 경우, 피고를 바꿀 수 있느냐의 문제이다. 소송당사자가 바뀐다는 것은 기판력의 주관적 범위와 관련된 문제이므로 엄격한 요건 하에서 허용하고 있다. 이를 피고의 경정이라고 한다(제260조).

Ⅱ. 요 건

첫째, 원고가 피고를 잘못 지정한 것이 분명한 경우이어야 한다. 이는 피고의 동일성이 바뀌는 경우이므로, 이 점에서 당사자표시정정과 다르다. 판례는 원고가 법률평가를 그르치거나 법인격 유무에 착오를 일으킨 것이 명백한 경우가 이에 해당한다고 한다.

둘째, 교체 전후의 소송물이 동일하여야 한다.

셋째, 원고는 서면으로 제1심 변론종결시까지 제1심 법원에 신청하여야 한다.

넷째, 피고가 본안에 관하여 준비서면의 제출, 변론준비기일에서의 진술변론을 한 뒤에는 피고의 동의가 필요하다(제260조 제1항 단서).

Ⅲ. 효 과

첫째, 종전 피고에 대해서는 소가 취하된 것으로 본다(제261조 제4항).

둘째, 경정서 제출시에 소가 제기된 것으로 본다(제265조).

Ⅳ. 위 사안의 경우

원고의 신청에 의해 피고의 경정신청을 할 수 있다.[2]

---

2) 단, 항소심에서는 허용되지 않는다.

甲은 자신 소유의 임야에 乙의 분묘와 망주석이 있었다. 지금까지 乙의 제사를 주재해 온 사람은 B이었지만, B는 乙의 차남이며, 乙의 장남인 A가 있었지만 오래 전에 사망하였다. 한편 A의 장남인 C가 서울에 살고 있으며, C가 종손이라고 한다. 이 경우, 甲은 누구를 상대로 하여 乙의 분묘를 굴이하고 망주석을 철거하도록 하여야 하는가?

답안 구성

『사례 풀이』

Ⅰ. 사안의 쟁점

분묘굴이 및 망주석철거의 상대방이 누구인지가 쟁점이며, 즉 당사자확정의 문제이다.

Ⅱ. 일반적인 경우

임야의 소유권에 터잡아 분묘의 철거를 청구하려면 분묘의 설치를 누가 하였건 그 분묘의 관리처분권을 가진 자를 상대로 해야 한다(대판 1997.9.5, 95다5118).

Ⅲ. 종손이 있는 경우

종손이 제사를 주재하는 자의 지위를 유지할 수 없는 특별한 사정이 있는 경우를 제외하고는 일반적으로 선조의 분묘를 수호·관리하는 권리는 그 종손에게 있다(대판 2000.9.26, 99다14006 등). 따라서 종손이 아닌 자가 제사 주재자로서 분묘에 대한 관리처분권을 가지고 있다고 하기 위하여는 우선 종손에게 제사 주재자의 지위를 유지할 수 없는 특별한 사정이 있음이 인정되어야 한다.

Ⅳ. 종손이 없는 경우

제사 주재자는 우선적으로 망인의 공동상속인들 사이의 협의에 의해 정하되, 협의가 이루어지지 않는 경우에는 제사 주재자의 지위를 유지할 수 없는 특별한 사정이 있지 않은 한 망인의 장남(장남이 이미 사망한 경우에는 장남의 아들, 즉 장손자)이 제사 주재자가 되고, 공동상속인들 중 아들이 없는 경우에는 망인의 장녀가 제사 주재자가 된다(대판 (전) 2008.11.20, 2007다27670).

Ⅴ. 사례 해결

B는 소외 망 乙의 장남이 아니라 차남이고, 乙의 장남 A에게 분묘의 관리처분권이 있다. 따라서 A를 상대로 소송을 제기해야 한다.

참조판례 종중소송의 당사자

1. 임야의 소유권에 터잡아 분묘의 철거를 청구하려면 분묘의 설치를 누가 하였건 그 분묘의 관리처분권을 가진 자를 상대로 하여야 하고, 종손이 있는 경우라면 그가 제사를 주재하는 자의 지위를 유지할 수 없는 특별한 사정이 있는 경우를 제외하고는 일반적으로 선조의 분묘를 수호·관리하는 권리는 그 종손에게 있다고 봄이 상당하므로, 종손이 아닌 자가 제사 주재자로서 분묘에 대한 관리처분권을 가지고 있다고 하기 위하여는 우선 종손에게 제사 주재자의 지위를 유지할 수 없는 특별한 사정이 있음이 인정되어야 한다(대판 1997.9.5, 95다51182).

2. 임야의 소유권에 터잡아 분묘의 철거를 청구하려면 분묘의 설치를 누가 하였건 그 분묘의 관리처분권을 가진 자를 상대로 하여야 할 것이고(대판 1967.12.26, 67다2073 참조), 구 관습법상 종손이 있는 경우라면 그가 제사를 주재하는 자의 지위를 유지할 수 없는 특별한 사정이 있는 경우를 제외하고는 일반적으로 선조의 분묘를 수호·관리하는 권리는 그 종손에게 있다고 봄이 타당하다(대판 1959.4.30, 4291민상182; 대판 1997.9.5, 95다51182; 대판 2000.9.26, 99다14006 등 참조).

업무집행조합원 甲 등 10인으로 구성된 A 단체는 사업을 영위하는 과정에서 B 주식회사로부터 물품대금 2억 원을 지급받지 못하자 소를 제기하고자 한다.

A 단체가 사단법인일 경우, 법인이 아닌 사단일 경우, 민법상 조합일 경우 각각 원고가 될 수 있는 자는 누구인가?[3]

답안 구성

---

[3] 사법시험 제51회(2009), 10점.

Ⅰ. 사안의 쟁점

A 단체의 법인격 여부에 따라 당사자능력이 인정된다. 조합의 경우, 우리 판례는 당사자능력을 부정하고 있으므로 조합원 전원이 당사자가 되어야 한다.

Ⅱ. A 단체의 법적 성격에 따른 원고 여부

1. A 단체가 사단법인인 경우

당사자능력이 있으므로 원고는 A 단체이다.

2. A 단체가 비법인사단인 경우

민법과 달리 비법인사단도 소송법상으로는 당사자능력이 있다. 따라서 원고는 A 단체이다(제52조).

3. A 단체가 민법상 조합일 경우

1) 조합의 당사자능력을 인정한다면 A 단체가 원고이다.
2) 조합의 당사자능력을 부정한다면, 조합의 소유형태는 합유이고, 합유는 조합원 전원인 10인이 소송당사자이다.
3) 판례는 부정설이며[4], 조합원 전원인 10인이 소송당사자이다.

4. 조합의 당사자능력을 부정할 경우(조합 소송의 간소화방안)

1) 조합원 전원이 공통의 소송대리인을 선임하는 방안
2) 조합원 중 선정당사자를 선정하는 방안
선정당사자라 함은 공동의 이해관계 있는 다수자가 공동소송인이 되어 소송을 하여야 할 경우에 총원을 위해 소송을 수행할 당사자로 선출된 자를 말한다(제53조). 다수자

---

4) 한국원호복지공단법(1984.8.2. 법률 제3742호로 한국보훈복지공단법으로 개정됨) 부칙 제8조 제2항에 의하여 설립된 원호대상자광주목공조합은 민법상의 조합의 실체를 가지고 있으므로 소송상 당사자능력이 없다(대판 1991.6.25, 88다카6358). 또한 부도난 회사의 채권자들이 조직한 채권단이 비법인사단으로서의 실체를 갖추지 못했다는 이유로 그 당사자능력을 부인하였다(대판 1994.4.23, 99다4504).

중에서 대표자를 뽑아 그에게 소송을 맡겨 다수당사자 소송을 단순화할 수 있다.

3) 업무집행조합원 甲에게 임의적 소송담당을 하도록 하는 방안

임의적 소송담당은 탈법적인 방법에 의한 것이 아닌 한 극히 제한적인 경우에 합리적인 필요가 있다고 인정될 수 있다. 민법상의 조합에 있어서 조합규약이나 조합결의에 의하여 자기 이름으로 조합재산을 관리하고 대외적 업무를 집행할 권한을 수여받은 업무집행조합원은 조합재산에 관한 소송에 관하여 조합원으로부터 임의적 소송신탁을 받아 자기 이름으로 소송을 수행하는 것이 허용된다.[5]

4) 업무집행조합원 甲을 소송상 법률대리인으로 보는 방안

업무집행조합원 甲은 민법 제709조의 대리권을 가지고 있고, 이에는 소송수행의 대리권도 포함되어 있으므로 전원의 소송대리인이 될 수 있다.

위의 2)와 3)의 방안에 따르면, 원고는 선정당사자 내지 임의적 소송담당자인 甲이될 것이다. 하지만 4)의 방안에 따르면, 甲은 법률상 소송대리인이므로 원고는 甲 등 10인 전체가 된다. 이는 조합원 전원이 공통의 소송대리인을 선임하는 경우도 마찬가지이다.

III. 사안의 해결

A 단체가 원고로 되는 경우는 법인격이 있든가, 권리능력 없는 사단인 경우이고, 조합인 경우에는 조합원 전원이 원고로 등장해야 한다.[6]

---

5) 대판 1984.2.14, 83다카1815. 후술 참조.
6) 만일 조합의 당사자능력을 인정한 판결의 경우, 판결확정 전이면 상소의 대상이 되며, 상소심은 무효의 판결을 취소하고 소를 각하하여야 한다. 판결이 확정된 경우에는 당연무효설, 재심설 및 완전유효설 등이 대립되고 있다.

표 7 당사자에 관한 소송요건

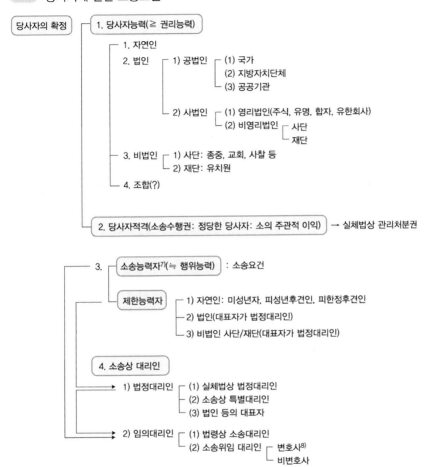

---

7) 변론능력은 소송의 원활과 신속을 위한 소송행위의 유효요건이다.
8) 소송위임에 의한 대리인 중 변호사를 흔히 '소송대리인'이라고 한다.

미국 영주권자인 甲은 제주도 서귀포시 소재 시가 10억 원 상당의 토지 2천평(이하에서는 '이 사건 토지'라 함)을 소유하고 있었다. 자신의 재산을 관리하고 있던 甲의 동생 乙은 '이 사건 토지'를 탐내 2012년 초에 甲을 상대로 매매로 인한 '이 사건 토지' 소유권이전등기청구의 소를 제기하면서 甲의 주소를 허위로 기재하여 자백간주에 의한 무변론판결로 乙 승소의 제1심 판결이 선고되었고, 그 판결정본도 위와 같은 방법으로 송달되어 판결이 확정되었다(아래의 각 문항은 서로 관계 없음).

(1) 甲은 乙을 상대로 가장매매를 원인으로 하여 위 등기를 이전하였다고 주장하면서 소유권이전등기 말소등기청구의 소를 2017.3.7. 제기하였고, 2017.3.25. 법원은 乙의 주소지로 소장부본을 송달하였다. 한편 甲이 소를 제기할 것이라는 소문을 들은 乙은 매일 가슴을 졸이다가, 평소 지병으로 앓고 있던 심장병이 악화되어 2017.3.21.에 사망하였다. 제1심 소송계속 중 甲은 乙의 사망사실을 알고, 乙의 유일한 상속인 丙을 상대로 소송을 계속 진행하기 위하여 甲은 어떠한 조치를 취하여야 하는가?[9]

(2) 乙이 위 소송 도중에 사망하였으나, 변호사 A가 乙의 소송대리를 하고 있었기 때문에 소송이 중단되지는 않았다. 그런데 乙의 유일한 상속인인 丙이 미처 소송수계를 신청하지 않은 상태에서 변론이 종결되고 제1심 판결이 선고되었다. 위 판결 선고 이후 丙이 소송수계신청을 하지 않은 상태에서 변호사 A에게 판결정본이 송달된 경우, 위 판결이 확정되는지 여부 및 그 근거를 각 경우의 수로 나누어 서술하시오.[10]

답안 구성

---

9) 변호사시험 제5회(2016)와 유사, 10점. 이 사안은 제소전 피고가 사망한 경우이다.
10) 변호사시험 제3회(2014), 10점.

Ⅰ. 사안의 쟁점

소 제기 후 소송계속 전에 당사자가 사망한 경우, 당사자확정의 문제인가 아니면 소송승계의 문제인가이다. 전자로 본다면 당사자표시정정이나 피고의 경정의 문제이며, 후자로 본다면 소송승계의 문제이다.

Ⅱ. 당사자표시정정의 가능 여부

1. 학 설

1) 긍정설

당사자 일방의 사망은 당사자능력이 없는 사람을 상대로 한 소송이고, 나아가 2 당사자 대립주의가 무너졌으므로 원칙적으로 부적법 각하해야 한다. 소 제기 전에 사망한 경우와 동일하게 취급하여 甲의 사망사실을 모른 경우에는 당사자표시정정이나 피고의 경정이 가능하다.

2) 부정설

소장 작성시 이미 당사자가 확정되었으므로, 소송계속 후 당사자 일방이 사망한 경우와 동일하게 취급하여도 양 당사자에게 불이익이 없고, 소송경제상으로도 타당하다. 따라서 상속인의 승계가 가능하므로 소송수계절차를 밟아야 한다.

2. 판 례

소 제기 후 소장부본이 송달되기 전에 피고가 사망한 경우에는 제1심 판결이 선고되었다 할지라도 이 판결은 당연무효이며, 이 판결에 대한 사망자인 피고의 상속인들에 의한 항소나 소송수계신청은 부적법하다.

이러한 판례이론에 따르면, 소 제기 전에 당사자 일방이 사망한 경우와 동일하게 취급하므로 제1심에서는 당사자표시정정이 가능하다(판례는 피고의 경정에 대한 언급이 없음).

3. 사 견

판례이론에 의하면, 소 제기 후 소송계속 전에 당사자 일방이 사망한 경우 원칙적으로 부적법 각하해야 하지만, 소송경제상 상속인이 있다면 원고의 신청에 의해 당사자 표시정정으로 상속인으로 변경할 수 있다고 본다.

Ⅲ. 피고의 경정

1. 의 의

원고가 피고를 잘못 지정한 것이 분명한 경우, 제1심 변론종결시까지 원고의 신청에 의해 피고를 경정할 수 있다(제260조).

2. 요 건

첫째, 원고가 피고를 잘못 지정한 것이 분명한 경우이어야 한다. 이는 피고의 동일성이 바뀌는 경우이므로, 이 점에서 당사자표시정정과 다르다. 판례는 원고가 법률평가를 그릇치거나 법인격 유무에 착오를 일으킨 것이 명백한 경우가 이에 해당한다고 한다.

둘째, 교체 전후의 소송물이 동일하여야 한다.

셋째, 원고는 서면으로 제1심 변론종결시까지 제1심 법원에 신청하여야 한다.

넷째, 피고가 본안에 관하여 준비서면의 제출, 변론준비기일에서의 진술변론을 한 뒤에는 피고의 동의가 필요하다(제260조 제1항 단서).

3. 효 과

첫째, 종전 피고에 대해서는 소가 취하된 것으로 본다(제261조 제4항).

둘째, 경정서 제출시에 소가 제기된 것으로 본다(제265조).

4. 위 사안의 경우

원고의 신청에 의해 피고의 경정신청을 할 수 있다.

Ⅲ. 소송승계의 허용 여부

1. 소송승계의 허용 여부

1) 학 설

(1) 긍정설

첫째, 피고 乙이 소장송달 후 소송계속 전에 사망하여 당사자가 이미 확정된 경우이 므로 소송계속 후 사망한 경우와 동일하게 취급하여도 양 당사자에게 불리하지도 않다.

둘째, 원고에게 부적법 각하판결을 내린다면, 인지대 등 소송경제면에서 불이익을 받게 되므로 불합리하다.

셋째, 당사자가 이미 확정되어 소송수계신청이 가능하므로 피고에게도 불리하지 않다.

(2) 부정설

2 당사자 대립주의가 무너졌으므로 부적법 각하판결해야 한다는 견해이다.

2) 판 례

판례는 사망자를 피고로 하는 소 제기는 원고와 피고의 대립당사자 구조를 요구하는 민사소송법상의 기본원칙이 무시된 부적법한 것으로서 실질적 소송관계가 이루어질 수 없다. 따라서 제1심 판결이 선고되어도 당연무효이며, 판결에 대한 사망자인 피고의 상속인들에 의한 항소나 소송수계신청은 부적법하다. 이러한 법리는 소 제기 후 소장 부본이 송달되기 전에 피고가 사망한 경우에도 마찬가지로 적용된다.[11]

3) 사 견

소송물이 승계가 가능한 경우에는 양 당사자의 이익 측면에서 소송을 진행시키는 것이 소송경제면에서 타당하다. 따라서 소송수계신청을 허용해야 한다고 본다.

2. 소송수계 절차

1) 소송절차의 중단

제1심은 소송절차를 중단하고, 상속인 A가 상속포기기간을 지난 후 소송수계를 하여야 한다(제233조). 상속인 丙뿐만 아니라 甲도 할 수 있다(제241조).

2) 위 사안의 경우

소송절차를 중단하고 상속인 丙이 수계신청을 해야 하고(제233조), 또한 상대방인 甲도 할 수 있다(제241조). 한편 甲과 乙 어느 누구도 수계신청을 하지 않은 경우 법원은 속행명령을 내린다(제244조).

---

11) 대판 2015.1.29, 2014다34041.

3. 위 사안의 해결

소송물의 승계가 가능한 경우이고, 소송경제면에서 소송수계신청을 허용해야 한다고 본다. 하지만 판례는 부정적이다.

Ⅳ. 사안의 해결

만일 판례처럼 이론구성을 한다면, 소 제기 후 소송계속 전에 피고가 사망한 경우, 소 제기 전에 사망한 경우와 동일하게 취급하여 제1심에서 乙의 상속인은 당사자표시정정이 가능하다.

참조판례 **소 제기 후 소송계속 전 사망한 경우**

1. 사망자를 피고로 하는 소 제기는 원고와 피고의 대립당사자 구조를 요구하는 민사소송법상의 기본원칙이 무시된 부적법한 것으로서 실질적 소송관계가 이루어질 수 없으므로, 그와 같은 상태에서 제1심 판결이 선고되었다 할지라도 판결은 당연무효이며, 판결에 대한 사망자인 피고의 상속인들에 의한 항소나 소송수계신청은 부적법하다. 이러한 법리는 소 제기 후 소장부본이 송달되기 전에 피고가 사망한 경우에도 마찬가지로 적용된다(대판 2015.1.29, 2014다34041).
2. 사망자를 피고로 하는 소 제기는 원고와 피고의 대립당사자 구조를 요구하는 민사소송법의 기본원칙에 반하는 것으로서 실질적 소송관계가 성립할 수 없어 부적법하므로, 그러한 상태에서 제1심 판결이 선고되었다 할지라도 판결은 당연무효이다. 피고가 소 제기 당시에는 생존하였으나 그 후 소장부본이 송달되기 전에 사망한 경우에도 마찬가지이다. 이러한 법리는 사망자를 채무자로 한 지급명령에 대해서도 적용된다. 사망자를 채무자로 하여 지급명령을 신청하거나 지급명령 신청 후 정본이 송달되기 전에 채무자가 사망한 경우에는 지급명령은 효력이 없다. 설령 지급명령이 상속인에게 송달되는 등으로 형식적으로 확정된 것 같은 외형이 생겼다고 하더라도 사망자를 상대로 한 지급명령이 상속인에 대하여 유효하게 된다고 할 수는 없다. 그리고 회생절차폐지결정이 확정되어 효력이 발생하면 관리인의 권한은 소멸하므로, 관리인을 채무자로 한 지급명령의 발령 후 정본의 송달 전에 회생절차폐지결정이 확정된 경우에도 채무자가 사망한 경우와 마찬가지로 보아야 한다(대판 2017.5.17, 2016다274188).
3. 원고와 피고의 대립당사자 구조를 요구하는 민사소송법의 기본원칙상 사망한 사람을 피고로 하여 소를 제기하는 것은 실질적 소송관계가 이루어질 수 없어 부적법하다. 소 제기 당시에는 피고가 생존하였으나 소장부본이 송달되기 전에 사망한 경우에도 마찬가지이다. 사망한 사람을 원고로 표시하여 소를 제기하는 것 역시 특별한 경우를 제외하고는 적

법하지 않다.

파산선고 전에 채권자가 채무자를 상대로 이행청구의 소를 제기하거나 채무자가 채권자를 상대로 채무부존재 확인의 소를 제기하였더라도, 만약 그 소장 부본이 송달되기 전에 채권자나 채무자에 대하여 파산선고가 이루어졌다면 이러한 법리는 마찬가지로 적용된다. 파산재단에 관한 소송에서 채무자는 당사자적격이 없으므로, 채무자가 원고가 되어 제기한 소는 부적법한 것으로서 각하되어야 하고(채무자 회생 및 파산에 관한 법률 제359조), 이 경우 파산선고 당시 법원에 소송이 계속되어 있음을 전제로 한 파산관재인의 소송수계신청 역시 적법하지 않으므로 허용되지 않는다(대판 2018.6.15, 2017다289828).

▌사례 풀이 2▐

I. 사안의 쟁점

피고가 소송계속 중 사망한 경우, 당사자의 지위는 상속인에게 당연승계가 된다. 그리고 소송대리인이 있는 경우에 제1심 판결정본 송달로 판결이 확정되는지는 상소에 대한 특별수권의 유무에 따라 그 결론이 달라진다.

II. 소송대리인이 있는 경우 소송절차의 중단 여부

1. 소송절차의 중단 여부

위 사안처럼 소송물이 승계가 가능한 소송에서 소송계속 중 당사자 일방이 사망한 경우,[12] 당사자 지위는 상속인에게 당연승계가 된다. 판례도 당연승계를 인정한다.[13]

그리고 당사자가 소송대리인이 없이 사망한 경우 소송절차의 중단사유가 되나(제233조), 소송대리인이 있다면 소송절차가 중단되지 않는다(제238조).

---

12) 승계가 불가능한 소송에서는 소송종료선언을 해야 한다.
13) 소송계속 중 어느 일방 당사자의 사망에 의한 소송절차 중단을 간과하고 변론이 종결되어 판결이 선고된 경우에는 그 판결은 소송에 관여할 수 있는 적법한 수계인의 권한을 배제한 결과가 되는 절차상 위법은 있지만 그 판결이 당연무효라 할 수는 없고, 다만 그 판결은 대리인에 의하여 적법하게 대리되지 않았던 경우와 마찬가지로 보아 대리권흠결을 이유로 상소 또는 재심에 의하여 그 취소를 구할 수 있을 뿐이므로, 판결이 선고된 후 적법한 상속인들이 수계신청을 하여 판결을 송달받아 상고하거나 또는 사실상 송달을 받아 상고장을 제출하고 상고심에서 수계절차를 밟은 경우에도 그 수계와 상고는 적법한 것이라고 보아야 하고, 그 상고를 판결이 없는 상태에서 이루어진 상고로 보아 부적법한 것이라고 각하해야 할 것은 아니다(대판(전) 1995.5.23, 94다28444).

2. 소송대리인의 지위

소송계속 중 당사자가 사망하더라도 소송대리권은 소멸되지 않고(제95조 제1호), 또한 소송대리인은 수계절차를 밟지 않아도 새로운 당사자의 소송대리인이 된다. 상속인 등에 의한 소송절차수계를 필요로 하지 않는다는 의미일 뿐이고, 상속인이 소송수계신청을 하는 것은 가능하다.14)

따라서 원고의 지위는 상속인 B로 승계되고, 변호사 A는 B의 소송대리인이 된다.

Ⅲ. 심급대리 원칙과의 관계

현행법에서 상소의 제기는 특별수권사항이므로(제90조 제2항 제3호), 심급대리 원칙을 인정하고 있다.15) 판례도 제1심 판결정본 송달 후 변호사의 대리권이 문제된 사건에서, "위임받은 소송대리권의 범위는 특별한 사정이 없는 한 당해 심급에 한정된다."고 하여 심급대리의 원칙을 인정하고 있다.16)

1. 상소의 특별수권이 없는 경우

통설과 판례는 상대방이 제기한 상소에 응소하는 행위도 특별수권사항으로 보아 소송대리권은 당해 심급에 한한다는 심급대리의 원칙을 인정하고 있다. 따라서 위 사안처럼 제1심의 판결정본이 당사자에게 송달되면 소송대리인의 대리권은 소멸되고, 소송절차는 중단되어 판결이 확정되지 않는다. 그러므로 상속인 B의 소송수계신청이 있어야만 소송이 재개 된다.

2. 상소의 특별수권이 있는 경우

소송대리인 A에게 상소의 특별수권이 있다면, 제1심 판결 송달로 절차가 중단되지

---

14) 대판 1972.10.31, 72다1271, 1272; 대판 2008.4.10, 2007다28598.
15) 심급대리에 대한 학설은 다음과 같다.
　　첫째, 민사소송법 제90조 제2항에는 상소의 제기라고 되어있으나, 해석상 상대방의 상소에 응소하는 것도 특별수권사항으로 보아 소송대리인의 대리권은 특정한 심급이 끝나면 더 이상 상급심에서는 미치지 않는다는 견해가 있다.
　　둘째, 제90조 제2항의 반대해석상 상대방의 상소에 응소하는 행위는 통상의 대리권에 포함되는 것으로 볼 수 있고, 따라서 심급종료로 대리권이 소멸되지 않는다는 견해가 있다.
16) 대판 1994.3.8, 93다52105.

않고, 상소기간은 진행한다. 따라서 상소제기 없이 판결정본을 송달받은 후 2주의 상소
기간이 지나면 판결은 확정된다.

그러나 소송대리인 A 또는 상속인 B 또는 상대방 당사자에 의해 적법하게 상소가 제
기되면 그 판결은 확정되지 않는다.

Ⅳ. 사안의 해결

첫째, 소송대리인 A에게 상소의 특별수권이 없다면, 제1심 판결정본의 송달로 절차
가 중단되고, 따라서 판결은 확정되지 않는다.

둘째, 소송대리인 A에게 상소의 특별수권이 있다면, 제1심 판결정본의 송달로 절차
가 중단되지 않고, 상소기간은 진행한다. 따라서 판결정본 송달 후 2주 이내에 상소를
제기하지 않으면 판결은 확정된다.

甲은 乙을 상대로 2억 원 대여금반환청구의 소를 제기하였다. 만일 피고 乙이 다음의 시점에서 사망한 경우 법원의 조치는?(단, 乙의 상속인으로는 A만 있다)

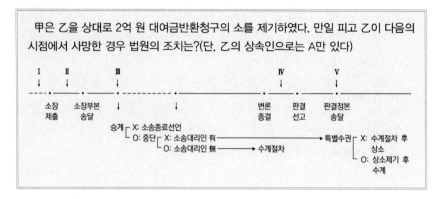

답안 구성
_____

$ 사례 풀이 $

I. 소 제기 전 乙이 사망한 경우

1. 乙이 피고인 경우

1) 소송법상 효과

원칙적으로 민사소송의 원칙인 2 당사자 대립주의 위반이다.[17] 또한 사망한 사람[18]은 당사자능력이 없으므로 법원은 직권으로 조사하여 부적법 각하해야 한다.[19]

한편 판례는 피고가 사망한 줄 모르고 제소한 경우에는 상속인을 실질적 당사자로 보고 있다.

그러나 피고가 사망한 것을 알고 제소한 경우에는 당사자능력이 없는 자를 상대로 제소한 경우이므로 원칙적으로 부적법 각하해야 한다. 다만, 나중에 상속인을 알아내어 표시정정할 의도로 사망자를 피고로 한 경우에는 허용된다.[20]

2) 상속인으로 표시정정 여부

(1) 소 제기 당시 이미 피고가 사망하였는데, 표시정정을 하지 않고 소송절차가 진행된 경우에는 법원은 직권으로 조사하여 부적법 각하해야 한다. 한편 법원은 석명권을 행사하여 원고에게 표시정정의 기회를 주어야 한다.[21]

(2) 소송계속 중 피고가 사망한 것을 알았다면 상속인 A로 표시정정이 가능한가?

① 표시설에 의하면, 소송당사자는 甲과 乙이다. 따라서 사망자를 상대로 한 소송이므로 부적법 각하판결해야 한다. 이에 반해 의사설에 의하면 당사자는 甲과 A이므로 상

---

17) 원고와 피고의 대립당사자 구조를 요구하는 민사소송법상의 기본원칙상 사망한 사람을 피고로 하여 소를 제기하는 것은 실질적 소송관계가 이루어질 수 없어 부적법하다(대판 2018.6.15, 2017다289828).

18) 당사자가 실재하지 않는 경우도 마찬가지이다.

19) 민사소송에서 소송당사자의 존재나 당사자능력은 소송요건에 해당하고, 이미 사망한 자를 상대로 한 소의 제기는 소송요건을 갖추지 않은 것으로서 부적법하다(대판 2012.6.14, 2010다105310).

20) 소송에서 당사자가 누구인가는 당사자능력, 당사자적격 등에 관한 문제와 직결되는 중요한 사항이므로, 사건을 심리·판결하는 법원으로서는 직권으로 소송당사자가 누구인가를 확정하여 심리를 진행하여야 하며, 이때 당사자가 누구인가는 소장에 기재된 표시 및 청구의 내용과 원인 사실 등 소장의 전취지를 합리적으로 해석하여 확정하여야 한다. 따라서 소장에 표시된 피고에게 당사자능력이 인정되지 않는 경우에는 소장의 전취지를 합리적으로 해석한 결과 인정되는 올바른 당사자능력자로 표시를 정정하는 것이 허용된다(대판 2011.3.10, 2010다99040).

21) 판례에서는 소장에 표시된 원고에게 당사자능력이 인정되지 않는 경우에는 소장의 전취지를 합리적으로 해석한 결과 인정되는 올바른 당사자능력자로 그 표시를 정정하는 것은 허용되며, 소장에 표시된 당사자가 잘못된 경우에 당사자표시를 정정케 하는 조치를 취함이 없이 바로 소를 각하할 수는 없다고 한다(대판 2001.11.13, 99두2017).

73

속인으로 표시정정이 가능하다.

② 판례는 (실질적) 표시설이지만, 당사자의 동일성이 인정되면 표시정정을 인정하고 있다. 예컨대 당사자능력이 없는 자를 상대로 한 소는 올바른 당사자능력자로 표시정정할 수 있다고 한다. 따라서 사망한 줄 모르고 제소한 경우 상속인으로 당사자표시정정을 허용하고 있다.22) 다만, 상고심에서는 당사자표시정정이 허용되지 않는다.23)

한편 설혹 수계신청한 경우라 하더라도 표시정정으로 간주하고 있다.24)

3) 피고의 경정

피고를 乙에서 상속인 A로 바꿀 수 있는가? 표시정정과의 차이점은 피고의 동일성이 바뀌는 것이다.

피고의 경정은 피고를 잘못 지정한 것이 분명한 때, 제1심 변론종결시까지 원고의 신청에 의해 피고를 경정할 수 있고(제260조), 종전 피고에 대해서는 소가 취하된 것으로 본다. 피고경정신청서 제출시에 소가 제기된 것으로 본다(제265조, 시효중단 및 제소기간 준수). 위 사례의 경우, 법리적으로는 피고경정의 방법으로도 변경할 수 있다.

4) 소송수계

원칙적으로 상속인에게 소송수계는 인정되지 않는다. 단, 소송대리인이 있는 경우에는 제1심은 물론, 제2심에서도 소송수계가 가능하다.25)

5) 사망자를 간과하여 판결한 경우

사망자인 피고로 한 판결은 당연무효이다. 따라서 상속인 A에게는 판결의 효력이 미치지 않는다.26) 그리고 당연무효의 판결에 대한 상속인의 상소27) 또는 상속인을 상대

---

22) 대판 1969.12.9, 69다1230; 대판 1971.6.30, 69다1840; 대결 2006.7.4, 2005마425.
23) 공유물분할청구의 소의 피고 중 1인이 이미 사망한 경우, 상고심에서 표시정정은 안된다(대판 2012.6.14, 2010다105310).
24) 재심원고가 재심대상판결 확정 후에 이미 사망한 당사자를 그 사망사실을 모르고 재심피고로 표시하여 재심의 소를 제기하였을 경우에 사실상의 재심피고는 사망자의 상속인이고 다만 그 표시를 그릇한 것에 불과하다고 해석함이 타당하므로 사자를 재심피고로 하였다가 그 후 그 상속인들로 당사자표시를 정정하는 소송수계신청은 적법하다(대판 1983.12.27, 82다146).
25) 대판 2016.4.29, 2014다210449.
26) 사망자를 피고로 하는 소 제기는 원고와 피고의 대립당사자 구조를 요구하는 민사소송법의 기본원칙에 반하는 것으로서 실질적 소송관계가 성립할 수 없어 부적법하므로, 그러한 상태에서 제1심 판결이 선고되었다 할지라도 판결은 당연무효이다. 피고가 소 제기 당시에는 생존하였으나 그 후 소장부본이 송달되기 전에 사망한 경우에도 마찬가지이다.
이러한 법리는 사망자를 채무자로 한 지급명령에 대해서도 적용된다. 사망자를 채무자로 하여 지급명령을 신청하거나 지급명령신청 후 정본이 송달되기 전에 채무자가 사망한 경우에는 지급명령은 효력이 없다. 설령 지급명령이 상속인에게 송달되는 등으로 형식적으로 확정된 것 같은 외형이 생겼다고 하더라도

로 한 상소28)는 부적법하다. 또한 재심의 대상도 아니다.29)

다만 이 경우 판례는 상소 자체는 부적법하나, 사망자를 당사자로 한 처분금지가처분은 무효라도 그 외관제거를 위해 이의신청은 할 수 있다고 한다.30)

이에 반해 상속인이 실제로 소송을 수행한 경우라면, 신의칙상 상속인에게 판결의 효력을 인수케 할 수 있다.31)

2. 원고가 사망한 경우

1) 원 칙

원칙적으로 원고가 제소 전에 사망한 경우, 부적법 각하해야 한다. 당사자능력이 없는 자가 제소한 것이기 때문이다.32)

2) 표시정정 허용 여부

(1) 상속인이 부득이하게 사망한 당사자를 원고로서 제소한 경우에 표시정정이 허용된다.33)

사망자를 상대로 한 지급명령이 상속인에 대하여 유효하게 된다고 할 수는 없다. 그리고 회생절차폐지결정이 확정되어 효력이 발생하면 관리인의 권한은 소멸하므로, 관리인을 채무자로 한 지급명령의 발령 후 정본의 송달 전에 회생절차폐지결정이 확정된 경우에도 채무자가 사망한 경우와 마찬가지로 보아야 한다(대판 2017.5.17, 2016다274188).

27) 사망자를 당사자로 한 소 제기는 부적법하므로 비록 제1심 판결의 선고가 있었다 할지라도 망인 명의의 항소나 망인의 재산상속인들의 소송수계신청은 허용될 수 없다(대판 1970.3.24, 69다929).

28) 당사자가 소 제기 이전에 이미 사망하여 주민등록이 말소된 사실을 간과한 채 본안 판단에 나아간 원심 판결은 당연무효라 할 것이나, 민사소송이 당사자의 대립을 그 본질적 형태로 하는 것임에 비추어 사망한 자를 상대로 한 상고는 허용될 수 없다 할 것이므로, 이미 사망한 자를 상대방으로 하여 제기한 상고는 부적법하다(대판 2000.10.27, 2000다33775).

29) 재심의 소는 종국판결의 확정력을 제거함을 그 목적으로 하는 것으로 확정된 판결에 대하여서만 제기할 수 있는 것이므로 소송수계 또는 당사자표시 정정 등 절차를 밟지 아니하고 사망한 사람을 당사자로 하여 선고된 판결은 당연무효로서 확정력이 없어 이에 대한 재심의 소는 부적법하다(대판 1994.12.9, 94다16564).

30) 대판 2002.4.26, 2000다30578.

31) 사망한 자에 대하여 실시된 송달은 위법하여 원칙적으로 무효이나, 그 사망자의 상속인이 현실적으로 그 송달서류를 수령한 경우에는 하자가 치유되어 그 송달은 그 때에 상속인에 대한 송달로서 효력을 발생하므로, 압류 및 전부명령 정본이나 그 경정결정 정본의 송달이 이미 사망한 제3채무자에 대하여 실시되었다고 하더라도 그 상속인이 현실적으로 그 압류 및 전부명령 정본이나 경정결정 정본을 수령하였다면, 그 송달은 그 때에 상속인에 대한 송달로서 효력을 발생하고, 그 때부터 각 그 즉시항고기간이 진행한다(대판 1998.2.13, 95다15667).

32) 이는 비실재인이나 동물원고인 경우와 마찬가지이다.

33) 피상속인이 양도소득세부과처분에 대하여 이의신청, 심사청구를 거쳐 국세심판소장에게 심판청구를 한 후 사망하였고 그 사망사실을 모르는 국세심판소장은 심판청구를 기각하는 결정을 하면서 그 결정문에 사망한 피상속인을 청구인으로 표시하였으며 그 상속인들이 기각결정에 승복하지 아니하고 망인 명의로 양도소득세부과처분 취소청구소송을 제기한 후 상속인들 명의로 소송수계신청을 하였다면, 비록 전치절차 중

(2) 한편 제소 당시 당사자와 상속인이 공동원고로 표시된 손해배상청구의 소가 제기된 경우, 이미 사망한 당사자 명의로 제기된 소 부분은 부적법 각하되어야 한다.[34]

3) 소송대리인 선임 후 사망한 경우의 소송수계 여부

원고가 소송대리인 선임 후 원고의 사망한 사실을 모르고 소송대리인이 원고의 이름으로 제소한 경우, 이 소는 적법하다. 왜냐하면 소송대리인의 소송대리권이 소멸되지 않았기 때문이고(제95조 제1호), 이 경우 시효중단과 기간준수의 효력은 상속인에게 귀속한다. 다만, 상속인은 수계절차를 밟아야 한다.[35]

Ⅱ. 소의 제기 후 소송계속 전에 乙이 사망한 경우[36] → (〈사례 Ⅲ-4〉(1) 참조)

Ⅲ. 소송계속 후 변론종결 전에 乙이 사망한 경우

소송계속 후 변론종결 전에 당사자가 사망해야 한다. 실종선고에 의한 사망간주도 포함된다.[37] 따라서 소의 제기 전 이미 乙이 사망한 경우에는 원칙적으로 상속인에게 소송수계는 인정되지 않는다. 단, 소 제기 전에 乙이 소송대리인을 선임한 경우에는 제1심은 물론, 제2심에서도 소송수계가 가능하다.[38]

1. 소송물이 승계되지 않는 경우(이혼소송): 소송종료선언

2. 소송물이 승계가 가능한 경우(위 사례의 경우)

1) 소송절차가 중단되는 경우: 소송대리인이 없는 경우

에 사망한 피상속인의 명의로 소가 제기되었다고 하더라도 실제 그 소를 제기한 사람들은 망인의 상속인들이고 다만 그 표시를 그릇한 것에 불과하다고 보아야 할 것이므로, 법원으로서는 그 소송수계신청을 당사자표시정정신청으로 보아 이를 받아들여 그 청구를 심리판단하여야 한다(대판 1994.12.2, 93누12206).

34) 대판 2015.8.13, 2015다209002.

35) 당사자가 사망하더라도 소송대리인의 소송대리권은 소멸하지 아니하므로(민사소송법 제95조 제1호), 당사자가 소송대리인에게 소송위임을 한 다음 소 제기 전에 사망하였는데 소송대리인이 당사자가 사망한 것을 모르고 당사자를 원고로 표시하여 소를 제기하였다면 소의 제기는 적법하고, 시효중단 등 소 제기의 효력은 상속인들에게 귀속된다. 이 경우 민사소송법 제233조 제1항이 유추적용되어 사망한 사람의 상속인들은 소송절차를 수계하여야 한다(대판 2016.4.29, 2014다210449)

36) 법이론상으로는 당사자확정의 문제가 아니라 승계의 문제로 해결하는 것이 타당하다. 소장을 제출한 후 소장의 필수적 기재사항에서 본다면 원고와 피고는 이미 확정되었다.

37) 부재자의 재산관리인에 의하여 소송절차가 진행되던 중 부재자 본인에 대한 실종선고가 확정되면 그 재산관리인으로서의 지위는 종료되는 것이므로 그 경우에도 상속인 등에 의한 적법한 소송수계가 있을 때까지 소송절차가 중단되는 법리는 다를 바 없다(대판 1987.3.24, 85다카1151).

38) 대판 2016.4.29, 2014다210449.

(1) 수계신청권자

① 당사자가 사망한 경우 소송대리인이 없으면 소송절차는 중단되고(제233조), 상속인은 수계절차를 밟아야 한다. 상속인이 없는 경우에는 상속재산관리인이 수계절차를 밟아야 한다. 그리고 상대방인 甲도 수계신청을 할 수 있다(제241조).

② 통상공동소송에서 당사자가 사망한 경우, 사망자 부분만 중단된다. 하지만 필수적 공동소송인 경우에는 전면적으로 중단된다. 이로써 법원과 당사자의 모든 소송절차가 중단된다. 다만, 중단 중 법원이 행한 증거조사는 이의권의 포기 및 상실로 유효하다(양 당사자인 모두).

한편 상속인 또는 상대방 모두 수계신청을 하지 않은 경우에는 법원은 속행명령을 내린다(제244조).

③ 소송절차의 중단을 간과하고 판결한 때에는 대리권 흠결을 이유로 판결확정 전이면 상소(제494조 제1항 제4호), 확정 후에는 재심(제451조 제1항 제3호)으로 취소사유가 된다.[39)]

2) 소송절차가 중단되지 않는 경우: 소송대리인이 있는 경우

(1) 소송대리인이 있는 경우에는 소송계속 중 당사자가 사망하더라도 소송대리권은 존속하므로(제95조 제1항) 소송절차는 중단되지 않는다(제238조). 그러므로 제1심 판결도 선고할 수 있다. 판결확정시에는 승계집행문이 부여된다.[40)]

(2) 소송대리인은 수계절차가 없어도 신당사자의 소송대리인이 되며, 판결의 효력도 신당사자에게 미친다.[41)] 물론 상속인은 수계절차도 신청할 수 있다.[42)] 만일 구당사자 이름으로 판결을 받아도 소송수계인으로 판결경정이 가능하다.

---

39) 대판 1995.5.23, 94다28444.
40) 대결 1998.5.30, 98그7.
41) 당사자가 사망하였으나 소송대리인이 있어 소송절차가 중단되지 아니한 경우 원칙적으로 소송수계라는 문제가 발생하지 아니하고 소송대리인은 상속인들 전원을 위하여 소송을 수행하게 되는 것이며 그 사건의 판결은 상속인들 전원에 대하여 효력이 있다 할 것이고, 이때 상속인이 밝혀진 경우에는 상속인을 소송승계인으로 하여 신당사자로 표시할 것이지만 상속인이 누구인지 모를 때에는 망인을 그대로 당사자로 표시하여도 무방하며, 가령 신당사자를 잘못 표시하였다 하더라도 그 표시가 망인의 상속인, 상속승계인, 소송수계인 등 망인의 상속인임을 나타내는 문구로 되어 있으면 잘못 표시된 당사자에 대하여는 판결의 효력이 미치지 아니하고 여전히 정당한 상속인에 대하여 판결의 효력이 미친다(대결 1992.11.5, 91마342).
42) 구민사소송법 제216조, 동법 제211조 제1항(현행 제238조, 제233조 제1항)은 당사자가 사망하더라도 소송대리인이 있어 소송절차가 중단되지 않은 경우에는 상속인은 소송절차를 수계하지도 못한다는 뜻으로 풀이될 수는 없다(대판 1972.10.31, 72다1271, 1272).

(3) 소송대리권의 소멸시기

제1심 판결정본의 송달 후에는 심급이 종료되므로 소송대리권은 이 때에 소멸한다. 이 시기부터 소송절차가 중단되며,[43] 이 이후에 수계절차를 밟아야 한다.

그리고 소송수계신청은 민사소송법 제243조 제2항에 따라 원심법원에만 할 수 있다는 견해와 원심법원과 상소심법원 중 선택적으로 할 수 있다는 견해가 있다. 판례는 후자의 입장이다.[44]

소송대리인에게 상소 제기(또는 상소에 대한 응소행위)에 대한 특별수권이 있으면 상소 제기시에 소송절차는 중단되며, 특별수권이 없으면 상속인의 수계절차 후에 상소를 제기할 수 있다(위 도표 V 참조). 따라서 특별수권을 가진 소송대리인이 패소한 당사자를 위하여 상소 제기를 하지 않거나 상소기간이 도과되면 판결이 확정된다.

문제는 상소의 특별수권을 가진 소송대리인이 사망한 패소 당사자의 공동상속인 중 일부만 상소, 일부는 누락하여 상소에서 제외시킨 경우(이들 상속인도 상소를 하지 않은 경우) 어떻게 해결할 것인가에 대해 대립되고 있다.

제1설은 확정설이다. 누락된 상속인은 상소기간의 도과로 패소판결이 확정되며, 소송계속이 소멸되어 소송수계의 문제는 생기지 않는다. 판례의 입장이다.[45][46]

---

43) 대판 1996.2.9, 94다61649.
44) 대판 1996.2.9, 94다61649; 대판 2016.4.29, 2014다210449.
45) 대결 1992.11.5, 91마342.
46) 제1심 소송계속 중 원고가 사망하자 공동상속인 중 갑만이 수계절차를 밟았을 뿐 나머지 공동상속인들은 수계신청을 하지 아니하여 갑만을 망인의 소송수계인으로 표시하여 원고 패소 판결을 선고한 제1심 판결에 대하여 상소제기의 특별수권을 부여받은 망인의 소송대리인이 항소인을 제1심 판결문의 원고 기재와 같이 "망인의 소송수계인 갑"으로 기재하여 항소를 제기하였고, 항소심 소송 계속 중에 망인의 공동상속인 중 을 등이 소송수계신청을 한 사안에서, 수계적격자인 망인의 공동상속인들 전원이 아니라 제1심에서 실제로 수계절차를 밟은 갑만을 원고로 표시한 제1심 판결의 효력은 그 당사자 표시의 잘못에도 불구하고 당연승계에 따른 수계적격자인 망인의 상속인들 모두에게 미치는 것인데, 위와 같은 제1심 판결의 잘못된 당사자 표시를 신뢰한 망인의 소송대리인이 판결에 표시된 소송수계인을 그대로 항소인으로 표시하여 그 판결에 전부 불복하는 위 항소를 제기한 이상, 그 항소 역시 소송수계인으로 표시되지 아니한 나머지 상속인들 모두에게 효력이 미치는 위 제1심 판결 전부에 대하여 제기된 것으로 보아야 할 것이므로, 위 항소로 인하여 제1심 판결 전부에 대하여 확정이 차단되고 항소심절차가 개시되었으며, 다만 제1심에서 이미 수계한 갑 외에 망인의 나머지 상속인들 모두의 청구 부분과 관련하여서는 항소제기 이후로 소송대리인의 소송대리권이 소멸함에 따라 민사소송법 제233조에 의하여 그 소송절차는 중단된 상태에 있었다고 보아야 할 것이고, 따라서 원심으로서는 망인의 정당한 상속인인 을 등의 위 소송수계신청을 받아들여 그 부분 청구에 대하여도 심리 판단하였어야 함에도, 을 등이 망인의 당사자 지위를 당연승계한 부분의 제1심 판결이 이미 확정된 것으로 오인하여 위 소송수계신청을 기각한 원심판결을 파기하였다(대판 2010.12.23, 2007다22859). 누락된 상속인도 이심 및 확정차단된다고 본다.
이 판결에 대해 공동상속의 소송관계가 필수적 공동소송관계가 아니라면 문제가 있고, 소송행위의 표시

제2설은 중단설이다. 누락된 상속인들은 소송절차의 중단상태에 있고, 따라서 소송수계절차를 밟을 수 있다.

제3설은 누락된 상속인들의 상소에 대한 특별수권은 소송대리인에게 있으므로 패소당사자가 사망하여도 절차는 진행되므로(제238조) 누락 당사자에 대한 판결은 확정된 것으로 본다. 이러한 과정에 누락 상속인과 소송대리인의 과실이 없다면 추후보완 상소라는 절차권을 침해한 것이 된다. 따라서 추후보완의 상소를 허용해야 한다. 아니면 실체법상으로 누락 상속인을 위한 손해배상을 인정해야 한다.

3. 실제로 상속인인 丙이 소송수행을 한 경우 그 판결의 효력

1) 표시설에 따르면 판결의 효력은 乙에게 미치고, 당연무효의 판결이다.

2) 하지만, 신의칙을 적용하면 상속인 A에게 미친다.

Ⅳ. 변론종결 후 판결선고 전에 乙이 사망한 경우

1. 소송대리인이 없는 경우

소송계속의 상태이므로 소송절차는 중단된다. 다만, 판결의 선고는 소송절차가 중단된 중에도 할 수 있고(제247조 제1항), 사망자 명의로 된 판결은 상속인에게 판결의 효력이 미친다(제218조 제1항). 상속인이 수계절차를 밟은 후에는 소송절차의 중단이 해소되며, 이 이후에 판결정본의 송달을 할 수 있다. 판결정본을 송달받은 후 2주 내에 상소를 제기해야 한다.

2. 소송대리인이 있는 경우

소송대리인이 있는 경우에는 중단되지 않는다(제238조).

주의의 원칙에도 맞지 않다는 비판이 있다.

V. 판결정본 송달 후 乙이 사망한 경우

상소의 제기는 특별수권사항이고(제90조 제2항 제3호), 또한 심급대리 원칙을 인정하고 있다.[47][48]

1. 상소의 특별수권이 없는 경우

통설과 판례는 상대방이 제기한 상소에 응소하는 행위도 특별수권사항으로 보아 소송대리권은 당해 심급에 한한다는 심급대리의 원칙을 인정하고 있다. 따라서 위 사례처럼 제1심의 판결정본이 당사자에게 송달되면 소송대리인의 대리권은 소멸되고, 소송절차는 중단되어 판결이 확정되지 않는다. 그러므로 상속인 A의 소송수계신청이 있어야만 소송이 재개된다.

2. 상소의 특별수권이 있는 경우

소송대리인에게 상소의 특별수권이 있다면, 제1심 판결정본의 송달로 절차가 중단되지 않고, 상소기간은 진행한다. 따라서 상소제기 없이 상소기간이 지나면 판결은 확정된다.

그러나 소송대리인이나 상속인 A 또는 상대방 당사자에 의해 적법하게 상소가 제기되면 그 판결은 확정되지 않는다.

---

47) 심급대리에 대한 학설은 다음과 같다. 첫째, 민사소송법 제90조 제2항에는 상소의 제기라고 되어있으나, 해석상 상대방의 상소에 응소하는 것도 특별수권사항으로 보아 소송대리인의 대리권은 특정한 심급이 끝나면 더 이상 상급심에서는 미치지 않는다는 견해와, 둘째, 제90조 제2항의 반대해석상 상대방의 상소에 응소하는 행위는 통상의 대리권에 포함되는 것으로 볼 수 있고, 따라서 심급종료로 대리권이 소멸되지 않는다는 견해가 있다.

48) 판례도 제1심 판결정본 송달 후 변호사의 대리권이 문제된 사건에서, "위임받은 소송대리권의 범위는 특별한 사정이 없는 한 당해 심급에 한정된다."고 하여 심급대리의 원칙을 인정하고 있다(대판 1994.3.8, 93다52105).

A 화훼조합(이하에서는 A 조합이라 함)은 조합원이 20명이고, 2014년 3월 "피드 꿀"이라는 단호박 품종을 개발하여 종자산업법에 따른 품종보호권 설정등록을 받았다. 한편 甲은 A 조합의 업무집행조합원이고, A 조합 규약에는 업무집행조합원은 그 업무집행에 필요한 일체의 재판외 및 재판상 행위를 할 수 있다고 규정되어 있다. "피드 꿀"을 판매하는 중간거래상 乙에 대한 물품매매대금이 무려 5억 원에 도달하자, A 조합은 乙을 상대로 5억 원의 매매대금청구의 소를 제기하고자 한다. A 조합의 다른 조합원을 대표하여 변호사의 도움 없이 甲 혼자서 소송당사자로서 소송을 수행할 수 있는 법적 방안은?

답안 구성

```
┏사례 풀이┓
```

I. 사안의 쟁점

위 사안은 A 조합소송에서 甲이 당사자로서 수행하는 경우를 예정하고 있으므로 A 조합은 민법상 조합이다.[49]

조합의 소유형태는 합유이고, 필수적 공동소송이므로 조합원 전원이 원고 또는 피고가 되어야 한다. 위 사안에서 甲이 공동소송인 중 단독으로 당사자로서 소송수행을 할 수 있는 법적 방안은 선정당사자제도와 임의적 소송담당자이다.

II. 선정당사자의 지위

1. 선정당사자의 의의

선정당사자라 함은 공동의 이해관계에 있는 다수자가 법률 또는 임의에 의해 공동소송인으로서 소송을 해야 할 경우, 그 다수자 가운데에서 소송당사자로 선정된 한 명 또는 여러 명의 사람을 말한다(제53조 제1항). 그리고 선정당사자를 선임한 공동의 이해관계에 있는 다수인 각자를 선정자라고 한다.

2. 선정당사자의 요건

1) 공동소송을 할 사람이 여러 명이어야 한다. 조합의 경우에는 2인 이상이므로 이에 해당한다.

2) 공동의 이해관계: 민사소송법 제65조 전문의 권리 또는 의무가 공통되거나 같은 원인으로 생긴 경우에 해당에 해당된다. 조합의 소유관계는 합유의 형태이고, 권리 또는 의무가 공통된 필수적 공동소송이다.

3) 공동의 이해관계 있는 사람 중에서 선정해야 하며, 선정은 명시적으로 해야 한다.

3. 선정당사자의 지위

소송의 당사자이고, 선정당사자가 받은 판결의 효력은 선정자에게 미친다.

---

49) 만일 A 조합이 사단법인이나 비법인사단이라면 甲은 대표자이고, 소송상 지위는 법정대리인이다(이를 기술하면 감점 요인이다).

4. 위 사안의 해결

A 조합의 조합원 전원이 甲을 선정당사자로 선정하면 甲 혼자서 소송당사자로 소송을 수행할 수 있다.

III. 임의적 소송담당자

1. 의 의

권리주체 자신의 의사에 의해 제3자에게 자기의 권리에 대한 소송수행권을 수여하는 것을 임의적 소송담당이라고 한다. 재산권에 관한 소송에서 소송물인 권리 또는 법률관계에 관한 관리처분권을 가지는 권리주체가 관련 소송을 제3자에게 위임하여 하게하는 것은 임의적 소송담당에 해당하므로 원칙적으로 허용되지 않는다.

2. 허용범위

1) 법에서 허용된 경우

선정당사자, 추심위임배서를 받은 피배서인(어음법 제18조), 한국자산관리공사 등이다.

2) 법에서 허용되지 않은 경우(허용의 한계)

판례와 통설에 의하면[50] 민사소송법 제87조 변호사대리의 원칙이나 신탁법 제6조의 소송신탁금지 등을 회피하기 위한 탈법적인 것이 아니고, 이를 인정할 합리적 이유와 필요성이 있는 경우에만 예외적·제한적으로 허용된다.

IV. 결 론

업무집행조합원 甲을 조합원 전원이 선정당사자로 선정하거나 甲만을 임의적 소송담당자로 인정하면 당사자로서 소송을 수행할 수 있다.

---

50) 합리적 필요성이 있으면 충분하다는 견해도 있다(이동률, 임의적 소송담당의 한계, 법조, 2007년 10월, 307면 이하 참조).

1. 임의적 소송신탁은 원칙적으로는 허용되지 않지만, 민사소송법 제87조에서 정한 변호사대리의 원칙이나 신탁법 제6조에서 정한 소송신탁의 금지 등을 회피하기 위한 탈법적인 것이 아니고, 이를 인정할 합리적인 이유와 필요가 있는 경우에는 예외적·제한적으로 허용될 수 있다. 집합건물의 관리단이 관리비의 부과·징수를 포함한 관리업무를 위탁관리회사에 포괄적으로 위임한 경우에는, 통상적으로 관리비에 관한 재판상 청구를 할 수 있는 권한도 함께 수여한 것으로 볼 수 있다. 이 경우 위탁관리회사가 관리업무를 수행하는 과정에서 체납 관리비를 추심하기 위하여 직접 자기 이름으로 관리비에 관한 재판상 청구를 하는 것은 임의적 소송신탁에 해당한다. 그러므로 관리단으로부터 집합건물의 관리업무를 위임받은 위탁관리회사는 특별한 사정이 없는 한 구분소유자 등을 상대로 자기 이름으로 소를 제기하여 관리비를 청구할 당사자적격이 있다(대판 2016.12.15, 2014다87885, 87892).

2. 집합건물의 관리단이 집합건물의 소유 및 관리에 관한 법률(이하 '집합건물법'이라 한다) 제15조 제1항에서 정한 특별결의나 집합건물법 제41조 제1항에서 정한 서면이나 전자적 방법 등에 의한 합의의 방법으로 입주자대표회의에 공용부분 변경에 관한 업무를 포괄적으로 위임한 경우에는, 공용부분 변경에 관한 업무처리로 인하여 발생하는 비용을 최종적으로 부담하는 사람이 구분소유자들이라는 점을 고려해 보면 통상적으로 비용에 관한 재판상 또는 재판외 청구를 할 수 있는 권한도 함께 수여한 것으로 볼 수 있다. 이 경우 입주자대표회의가 공용부분 변경에 관한 업무를 수행하는 과정에서 체납된 비용을 추심하기 위하여 직접 자기 이름으로 비용에 관한 재판상 청구를 하는 것은 임의적 소송신탁에 해당한다(대판 2017.3.16, 2015다3570).

3. 외국계 커피 전문점의 국내 지사인 甲 주식회사가, 본사와 음악 서비스 계약을 체결하고 배경음악 서비스를 제공하고 있는 乙 외국회사로부터 음악저작물을 포함한 배경음악이 담긴 CD를 구매하여 국내 각지에 있는 커피숍 매장에서 배경음악으로 공연한 사안에서, 한국음악저작권협회가 위 음악저작물 일부에 관하여는 공연권 등의 저작재산권자로부터 국내에서 공연을 허락할 권리를 부여받았을 뿐 공연권까지 신탁받지는 않았고, 권리주체가 아닌 협회에 위 음악저작물 일부에 대한 소송에 관하여 임의적 소송신탁을 받아 자기의 이름으로 소송을 수행할 합리적 필요가 있다고 볼 만한 특별한 사정이 없으므로, 위 협회는 위 음악저작물 일부에 대한 침해금지청구의 소를 제기할 당사자적격이 없다(대판 2012.5.10, 2010다87474).

4. **임의적 소송담당을 최초로 인정한 동백홍농계 사건**

   임의적 소송신탁은 탈법적인 방법에 의한 것이 아닌 한 극히 제한적인 경우에 합리적인 필요가 있다고 인정될 수 있는 것인바, 민법상의 조합에 있어서 조합규약이나 조합결의에 의하여 자기 이름으로 조합재산을 관리하고 대외적 업무를 집행할 권한을 수여받은 업무집행 조합원은 조합재산에 관한 소송에 관하여 조합원으로부터 임의적 소송신탁을 받아 자기 이름으로 소송을 수행하는 것이 허용된다고 할 것이다(대판 1984.2.14, 83다카1815). 같은 취지로 대판 1997.11.28, 95다35302.

민법상 조합인 甲 조합의 조합규약에는 업무집행조합원 乙이 그 업무집행에 필요한
일체의 재판상 및 재판외 행위를 할 수 있도록 하는 내용이 규정되어 있다. 甲 조합의
재산소송에서의 업무집행조합원 乙의 소송상 지위를 논평하라.

답안 구성

사례 풀이

Ⅰ. 사안의 쟁점

민법상 조합에 대해 당사자능력을 부인한다면, 이러한 소송의 형태는 고유필수적 공동소송이므로 조합원 전원이 나서서 소송을 수행해야 한다. 이렇게 되면[51] 소송이 지연되고 복잡해지는 것은 명확하다. 이러한 불편을 해소하기 위해서 선정당사자, 임의적 소송담당 및 법률상 대리인 등을 활용하면 소송절차가 간편해진다고 한다. 이에 대한 이론적 검토를 해 보기로 한다.

Ⅱ. 乙이 소송당사자가 되는 경우

1. 선정당사자제도의 활용방안

조합의 소유형태는 합유이므로 부정설에 따른다면 조합원 전원이 반드시 소송에 등장해야 하는 고유필수적 공동소송이다. 따라서 공동의 이해관계가 있으며, 이러한 사람 가운데 선정당사자를 선정해야 하는 민사소송법 제53조의 요건에 그대로 부합되어 이를 이용하는 데 이론상으로는 아무런 장애가 없다. 그리고 선정당사자가 받은 판결의 효력은 조합원 전원에게 미치므로 소송절차의 간소화가 이루어 질 수도 있다. **그러나 다음과 같은 문제점이 제기된다.**

첫째, 선정당사자의 선정절차는 다수결로 할 수 없으므로[52] 조합원 각자가 일일이 소송수행권을 수여하는 소송행위가 필요하며, 또한 서면으로 반드시 증명이 있어야 한다(제54조). 설사 업무집행조합원이 정해져 있더라도 새로운 선정절차가 필요하다. 따라서 조합원의 수가 많을 때는 이러한 행위에 소요되는 시간이 엄청날 것이며, 이로 인한 소송의 지연이 충분히 예상될 수 있으므로 소송절차가 간편화되기는 어렵다고 생각된다.

둘째, 만일 선정당사자가 선출된 경우라도 한 명이 아닌 여러 명인 경우, 그 선정의 유형에 따라 선정당사자의 소송수행이－통상 공동소송의 형태이든 필수적 공동소송의 형태이든－선정당사자 1인의 사정에 따라 소송절차가 중단되거나 변론의 분리 등 소

---

51) 보존행위 등 조합원 단독으로 소를 제기하는 경우는 논외로 한다.
52) 조합원 전원이 업무를 집행할 경우 조합원 간에 의견이 대립되면 다수결원칙에 따라 일을 처리하도록 되어 있다(민법 제706조 제2항 후단). 그러나 선정당사자를 선출할 때에는 이러한 경우가 발생하더라도 다수결에 의해 선정당사자를 선정할 수 없다.

송지연이 충분히 생길 수 있다. 또한 선정의 취소와 변경을 언제든지 할 수 있으므로 이로 인한 소송지연도 충분히 예상할 수 있다.

셋째, 선정당사자 전원이 동일한 소송대리인을 선임한 경우에는 소송절차가 간편해질 가능성은 있겠으나, 변호사 강제주의를 채택하고 있지 않은 우리 현실에 비추어 보면 반드시 변호사를 선임한다는 보장이 없다. 설혹 변호사를 선임한다고 하더라도 선임할 때까지의 시간적 소요는 조합 자체에 당사자능력을 인정하는 것보다 훨씬 오래 걸릴 것이다. 그리고 현실적으로 변호사를 이용한 소송보다는 본인소송의 비율이 훨씬 높은 점을 볼 때 아무래도 설득력이 약하다.

넷째, 보다 중요한 점은 선정당사자제도의 활용가능성에 대해 강제성이 없다는 점이며, 특히 조합 자체가 피고일 때는 속수무책이다.

다섯째, 다만 민사조정법에 있어서의 대표당사자제도의 활용 여부(민사조정법 제18조)는 눈여겨 볼 만하다. 조정담당판사는 직권으로 대표당사자를 선임명령을 할 수 있으므로 조합원의 수가 많은 경우에 이 제도를 이용하면 소송절차가 많이 간편해 질 수 있다. 그러나 조합에 관한 소송을 먼저 조정에 회부해야 한다.

2. 임의적 소송담당의 활용방안

권리주체 자신의 의사로 제3자에게 자신의 권리에 대하여 소송수행권을 수여하는 것을 임의적 소송담당이라 한다. 현행법상 인정된 임의적 소송담당으로는 선정당사자제도, 어음법 제18조에 규정된 추심위임배서의 피배서인 및 자산공사뿐이다. 다만, 변호사대리의 원칙이나 소송신탁의 금지를 회피 또는 잠탈할 염려가 없고, 또한 이를 인정할 합리적 필요성이 있을 때에 한하여 허용된다는 것이 대법원 판례의 입장[53]이다. 이렇게 볼 때 조합규약이나 조합결의에 의하여 업무집행조합원에게 업무집행에 필요한 일체의 재판상, 재판외의 행위가 인정된 경우라면 그 업무집행조합원은 자신의 이름으로 조합재산에 관한 소송에 관하여 소송수행할 권한을 부여받은 것으로 보아 임의적 소송담당을 허용할 수 있다. 그 결과 업무집행조합원이 소송당사자로 되어 소송을 수행하게 되기 때문에 소송은 매우 간편하게 되어 이의 유용성은 충분히 인정할 수 있다. **그러나 다음과 같은 문제점을 지적할 수 있다.**

첫째, 조합원 가운데 업무집행조합원이 선출된 경우라면 조합재산에 관하여 자기 고유

---

53) 대판 1984.2.14, 83다카1815.

의 이익도 있으므로 임의적 소송담당을 허용해도 무방할 것이다. 왜냐하면 패소시 자신도 불이익을 받게 되므로 다른 조합원에게는 손해를 끼치고 자신만의 이익을 도모하는 경우는 별로 없을 것이기 때문이다. 그러나 업무집행조합원이 조합원 이외의 제3자라면 위와 같은 허용기준에 따른다 하더라도 임의적 소송담당이 무조건 인정될지는 의문이다.

둘째, 임의적 소송담당의 허용기준에 비추어 볼 때 이 제도의 활용은 조합재산에 관한 소송 가운데 극히 제한된 범위 내에서만 인정된다는 점이다.

그리고, 앞서 지적한 선정당사자의 활용가능성에 대한 비판한 내용의 대부분은 여기에 있어서도 그대로 적용될 것이다.

III. 乙이 소송대리인으로 되는 경우

1. 조합의 당사자능력을 인정할 경우

이론상 가능하나, 우리 판례는 조합의 당사자능력을 인정하지 않고 있다.

2. 법률상 소송대리인제도과 소송위임에 의한 소송대리인의 활용방안

법률상 소송대리인이라 함은 법령상 본인을 위해 일정한 범위의 업무에 관하여 일체의 재판상 행위를 할 수 있는 사람을 말하며, 현행 민사소송법에서는 변호사 이외에 소송대리인의 자격이 있는 사람으로서 법률상 대리인을 인정하고 있는데, 그 대표적인 사례로 상법상의 지배인(상법 제11조)을 들고 있다.

1) 만일 조합계약에서 업무집행자를 정하지 아니하였거나 선임하지 않은 경우에는 각 조합원은 각각 단독으로 조합의 목적을 달성하는 데 필요한 범위에서 모든 조합원을 대리할 권한이 있는 것으로 추정되므로(민법 제706조 제1항 및 제709조), 각 조합원이 가지는 대리권에 소송행위의 대리권도 포함되므로 각 조합원이 원고 또는 피고가 될 수 있다는 견해와 각 조합원이 대리권을 갖는다 하더라도 그는 이른바 소송위임에 의한 소송대리인에 지나지 않으므로 특정의 사건에 관하여 개별적으로 소송대리권의 수여라는 소송행위를 필요로 하고 그 존재와 범위는 서면으로 증명하여야만 하므로(제89조) 이를 부정하는 견해가 있다.

전자의 견해는 민법상의 대리권 수여행위와 소송법상의 대리권 수여행위는 별개의 사실임을 간과하고 있으며, 또한 적용되는 법리도 다르다. 그리고 소송대리인이 될 수 있는 사람은 변호사뿐인데 어떻게 소송대리권이 인정되는지 의문이며, 따라서 각 조합원은 원고 또는 피고가 될 수 없다.

그리고 부정하는 견해의 논거도 올바른 설명이 아니다. 현행법상 인정된 임의대리인 가운데 소송위임에 의한 소송대리인은 법률상 소송대리인 및 극히 예외적인 경우[54]를 제외하고는 반드시 변호사이어야 한다. 이러한 경우에 부정설을 따르면 필수적 공동소송의 형태로만 소송을 할 수밖에 없다.

2) 조합의 업무집행조합원이 있는 경우에는 조합의 모든 업무를 할 수 있는 대리권이 있는 것으로 추정되므로(민법 제709조), 비록 명문의 규정은 없으나 그 범위는 업무에 관한 포괄적 대리권일 수밖에 없으므로 그 사람을 법률상 소송대리인으로 보면 조합체의 번잡한 소송수행을 단순, 간략화할 수 있다는 것이다. 또한 이러한 업무집행조합원은 재판상 행위에 관한 포괄적인 대리권이 수여되어 있다고 하면서 소송위임에 의한 소송대리인으로 인정할 수 있으나, 변호사대리를 원칙으로 하는 현행 민사소송법하에서는 1억 원 이하의 단독판사가 심판하는 사건에 한해서만, 그것도 법원의 허가를 얻은 경우에 한하여 소송활동을 할 수 있음에 불과하므로(제88조), 큰 의의가 없다는 견해가 있다. 조합의 업무집행조합원을 법률상 소송대리인 또는 소송위임에 소송대리인으로 보는 것은 조합의 당사자능력을 인정하지 않고 있다는 점과 법정대리인이 아닌 임의대리인이라는 점에서 양자는 일치한다.

그러나 업무집행조합원을 소송위임에 의한 소송대리인으로 보는 것은 다음과 같은 문제점이 지적된다.

첫째, 법률상 소송대리인은 변호사가 아닌 사람이더라도 법률에 의해 소송대리인으로 될 수 있으나, 소송위임에 의한 소송대리인은 원칙적으로 변호사이어야 한다. 그러나 실제로 업무집행조합원 가운데 변호사 자격이 있는 사람은 거의 없으므로 소송수행의 단순화는 달성할 수 없다고 본다.

둘째, 설사 소송위임에 의한 대리인으로 본다고 하더라도 극히 예외적인 경우에 한하여 변호사가 아닌 사람도 소송대리를 할 수 있다. 즉, 1억 원 이하의 단독사건 가운데, 법원의 허가를 얻은 경우에만 소송대리가 허용되지만, 실제로 조합에 관한 사건 중 여기에 해당되는 사건은 극히 일부라고 생각된다. 따라서 극히 제한된 범위 내에서 소송

---

54) 1억 원 이하의 단독사건에서는 법원의 허가를 얻으면 당사자와 4촌 이내의 친족이나 고용관계에 있는 사람은 변호사가 아니더라도 소송대리인이 될 수 있다.

을 수행할 수 있을 뿐이므로 그 실효성이 의문스럽다.

그리고 법률상 소송대리인으로 보는 경우도 **다음과 같은 문제점을 지적할 수 있다.**

첫째, 그 대리권의 범위가 지나치게 불명확하여 법원이나 상대방에게 예측할 수 없는 불이익을 줄 수 있으므로 인정하기가 어렵다. 즉, 민법 제709조는 대리권이 있는 것으로 추정하고 있을 뿐이고, 한편 그 권한은 조합계약으로 제한할 수도 있고 그렇지 않더라도 조합재산의 처분이나 변경에 관하여는 업무집행조합원의 과반수의 결의를 요구하도록 되어 있으며(민법 제272조 및 제706조), 또한 수인의 업무집행조합원이 있는 경우 그 중 1인이 위 결의에 반하는 소송행위를 한 경우에는 그 사실이 증명되면 결국 대리권의 범위를 넘는 행위로 되어 그 행위는 결국 표현대리 이론에 의하여 그 효력이 좌우되는데, 우리 대법원 판례는 소송행위에는 민법상 표현대리 규정이 적용될 수 없다[55]고 하고 있다. 따라서 법률상 소송대리인으로 인정하기 어렵다는 것이다.

둘째, 업무집행조합원을 법률상 소송대리인으로 보는 경우와 조합 자체에 당사자능력을 인정하는 것과 차이점이 거의 없다는 점이다. 후자의 경우 업무집행조합원의 법정대리인에 준하는 지위를 인정하므로(제64조) 양자는 소송대리인의 지위라는 점에서는 동일하다. 현재 법률상 소송대리인으로 인정되고 있는 상법상 지배인 등은 법인을 전제로 하고 있는 경우가 많으며, 이는 당사자능력이 있다. 따라서 업무집행조합원을 법률상 소송대리인으로 보는 것은 조합 자체에 당사자능력을 인정하고 있다는 전제로 한 이론구성을 한 결과가 된다.

셋째, 설혹 업무집행조합원을 법률상 소송대리인으로 본다고 하더라도 업무집행조합원이 있는 조합에만 해당되므로 조합에 관한 분쟁 중 극히 일부밖에 해결되지 못한다는 단점이 있다. 나아가 업무집행조합원이 정해져 있지 않은 경우에 법원에서 강제로 임명할 수는 없다.

넷째, 이러한 법적 이유 이외에 실제로 이를 이용한 사례가 보이고 있지 않다는 점이다.

Ⅳ. 사안의 해결

업무집행조합원을 당사자 또는 소송대리인으로 하는 이론을 구성한다고 하더라도 앞서 언급한 여러 이론상, 실제상의 문제가 있다. 따라서 조합에 관한 소송의 경우, 당사자능력을 인정하면 소송이 훨씬 간편해진다.

---

55) 대판 1994.2.22, 93다42047.

`표 8` **제3자 소송담당**

┌─ 법정 소송담당

  ┌─ 1. 담당자를 위한 소송담당
  │   ① 소송수행권을 권리주체와 제3자가 같이 가지는 경우
  │   채권자대위소송[56], 채권질의 질권자 등
  │   ② 소송수행권을 제3자만 가지는 경우
  │   파산관재인, 회생회사재산에 관한 소송에서의 관리인, 유언집행자[57], 상속재산관리인[58],
  │   채권추심명령을 받은 압류채권자,[59] SOFA협정에 의한 대한민국
  └─ 2. 피담당자를 위한 소송담당(직무상 당사자): 검사, 선장 등

┌─ 임의적 소송담당

  ┌─ 1. 명문의 규정이 있는 경우
  │   ① 선정당사자(제53조)
  │   ② 어음법상 추심위임배서의 피배서인(어음법 제18조)
  │   ③ 한국자산관리공사(캠코)
  └─ 2. 명문의 규정이 없는 경우
        ① 원칙: 허용되지 않는다.
        ② 예외: 허용 요건
           첫째, **변호사대리의 원칙을 잠탈**하지 않아야 하며(변호사법 제87조)+
           소송신탁의 금지규정에 위배되지 않아야 하며(신탁법 제6조)
           둘째, 이를 허용해야만 할 **합리적 필요성이 있을 때**만 허용

---

56) 제3자소송담당설(판례)과 민법 제404조의 실체법상 권리에 근거한 자기의 권리행사설이 대립되고 있다.
57) 대판 1999.11.26, 97다57733; 대판 2010.10.28, 2009다20840.
58) 대판 2007.6.28, 2005다55879.
59) 대판 2015.5.28, 2013다1587.

甲은 2018년 1월경 乙에 대하여 변제기가 도래한 2억 원의 대여금채권을 갖고 있다. 한편 乙은 丙에 대하여 2억 원의 매매대금채권을 가지고 있으나, 이 당시 乙은 이 매매대금채권 이외에는 다른 재산이 없다.

甲은 乙을 대위하여 丙을 피고로 한 乙의 丙에 대한 매매대금청구의 소를 제기하였다. 위 대위소송의 심리 결과 甲의 乙에 대한 대여금채권이 없다고 판명된 경우, 법원은 어떠한 판결을 하여야 하는가?

답안 구성

I. 문제의 제기

이 사안에서는 피보전채권의 존재가 소송요건인지 실체법상 법률요건인지가 문제된다.

II. 피보전채권의 부존재

1. 제3자 소송담당으로 보는 견해(통설과 판례)

1) 피보전채권의 존재를 소송요건으로 보는 견해: 피보전채권의 존재가 소송요건이며, 피보전채권의 부존재는 당사자적격의 흠결이므로 부적법 각하판결을 해야 한다.[60)

2) 피보전채권의 존재를 소송요건으로 보지 않는 견해: 당사자적격의 개념상 甲 자신에게 채권자대위권이 있다고 주장하면 당사자적격은 인정되므로 소송수행권은 당연히 있다. 그러므로 피보전채권의 존재는 실체법상의 법률요건 중의 하나이고, 또한 주요사실이다. 이의 부존재는 채권자대위권 자체가 없는 것이 되므로 청구기각판결을 해야 한다.

2. 자기 권리의 행사로 보는 견해

피보전채권의 존재는 실체법상의 법률요건 중 하나이므로 주요사실이며, 이의 부존재는 채권자대위권 자체가 없는 것이 되므로 청구기각판결을 해야 한다.

III. 사안의 해결

이행의 소에 있어서는 원고의 청구 자체로써 당사자적격이 판가름되고 그 판단은 청구의 당부의 판단에 흡수되는 것이므로 자기의 이행청구권을 주장하는 자가 정당한 원고이고 의무자로 주장된 자가 정당한 피고이다.[61)

---

60) 채권자대위소송에 있어서 대위에 의하여 보전될 채권자의 채무자에 대한 권리가 인정되지 아니할 경우에는 채권자가 스스로 원고가 되어 채무자의 제3채무자에 대한 권리를 행사할 당사자적격이 없게 되므로 그 대위소송은 부적법하여 각하할 수밖에 없다(대판 1988.6.14, 87다카2753).
같은 취지의 판결로는 대판 2012.8.30, 2010다39918; 대판 1994.6.24, 94다14339. 소송판결의 기판력을 인정한 것은 대판 2001.1.16, 2000다41349.

61) 대판 1989.7.25, 88다카26499; 대판 1995.11.28, 95다18451.

그러므로 채권자대위소송에서 피보전채권의 부존재는 제3자소송담당으로 보든 자기 권리의 행사로 보든 채권자대위권의 법률요건의 흠결이므로 청구기각판결을 하여야 한다.

￢사례 Ⅲ-9￢

> 甲(18세, 미혼)은 2017.4.12. 경기도 평택시 소재 A 사업장에 종업원으로 고용되었다.
> 그 후 2017.6.18. 21:00경 고용주 X의 지시로 심부름 가던 중 乙이 운전하는 자동차에
> 치여 머리 등에 중상을 입었다. 甲은 乙을 상대로 교통사고로 인한 적극적 손해, 소극적
> 손해 및 위자료를 합하여 1억 원 손해배상청구의 소를 제기하고자 한다. 이 경우,
>   (1) 甲의 소송상 대리인은?
>   (2) 위 사건의 항소심에서 乙은 변호사 丙를 계속 선임하였으나 패소하였다. 그 후
>   상고심에서 乙은 다른 변호사인 丁을 선임하여 승소하고 환송심으로 파기환송
>   된 경우, 환송 전 항소심의 변호사 丙의 소송대리권이 부활하는가? 또한 변호
>   사보수도 다시 지급해야 하는가?

답안 구성

『사례 풀이 1』

I. 사안의 쟁점

甲은 미성년자이므로 단독으로 소를 제기할 수 없고, 소송물은 임금채권이 아닌 손해배상청구권이다. 청구금액이 1억 원이므로 단독사건의 관할이고, 이 경우 甲의 소송상 대리인으로 법정대리인과 임의대리인이 누가 될 수 있는지가 주된 쟁점이다.

II. 甲의 소송상 대리인

첫째, 친권자인 甲의 부모는 법정대리인이다(제55조). 부모는 대리권을 공동으로 행사해야 한다(민법 제909조).

둘째, 소송상 특별대리인의 선임이다. 甲의 부모가 없거나 대리권을 행사할 수 없는 때 또는 법정대리인의 불성실, 미숙한 대리권 행사로 소송절차의 진행이 현저히 방해될 경우에는 특별대리인을 선임할 수 있다. 소송상 특별대리인은 甲의 법정대리인이다(제62조).

셋째, 임의대리인인 변호사를 선임할 수 있다. 변호사는 미성년자인 甲의 소송대리인이지만, 그 선임은 미성년자인 甲이 아닌 甲의 부모가 해야 한다(제55조).

넷째, 비변호사의 선임이다. 1억 원 이하의 단독판사의 관할사건은 당사자의 배우자 또는 4촌 이내의 친족이면 변호사가 아니더라도 법원의 허가를 받으면 소송대리인이 될 수 있고(제88조 제1항 및 민사소송규칙 제15조 제2항)[62], 이는 임의대리인이다.

위 사안의 경우, 甲은 미혼이므로 배우자는 제외되며, 또한 甲의 피고용인은 없으므로 여기에 해당하는 사람은 없다.[63]

그러므로 甲의 부모가 4촌 이내의 친족 중에서 변호사 아닌 사람에게 소송을 위임시킬 수 있고, 이는 법원의 허가를 받아야 한다.

III. 사안의 해결

甲의 법정대리인으로 甲의 부모, 또는 소송상 특별대리인의 선임을 선임할 수 있다.

---

62) 만일 3,000만 원 이하의 소액사건인 경우, 당사자의 배우자, 직계혈족, 형제자매는 변호사가 아니더라도 소송대리인이 될 수 있다(소액사건심판법 제8조 제1항). 그리고 1억 원 이하의 단독판사의 관할사건과는 달리, 법원의 허가 없이 신분관계와 수권관계만 서면으로 증명하면 소송대리인으로 될 수 있다(동조 제2항).

63) 이 사건은 고용관계의 통상업무사건에 관한 사건이 아닌 손해배상청구사건이므로 민사소송법 제87조가 적용될 수 없다. 또한 고용주 X는 통상사무를 처리, 보조해 주는 사람이 아니므로 언급하면 감점이 된다.

임의대리인으로 변호사 또는 4촌 이내의 친족 중에서 변호사 아닌 사람에게 소송을 위임시킬 수 있다.

▛ 사례 풀이 2 ▜

Ⅰ. 사안의 쟁점

파기환송시 소송대리권이 부활하는지 여부와 그 경우 변호사비용도 다시 청구할 수 있느냐의 문제이다.

Ⅱ. 심급대리의 원칙

1. 소송위임에 의한 소송대리권의 범위는 민사소송법에 정해 놓고 있으나, 소송대리인이 변호사인 경우에는 이를 제한할 수 없다(제91조 본문). 따라서 특별수권사항을 제외하고는 일체의 소송행위를 할 수 있다(제90조).

한편 상대방이 제기한 상소에 피상소인으로서 응소하는 것도 제1심 소송대리인의 특별수권사항으로 보는 것이 통설 및 판례[64]이다.

따라서 상소에 관한 특별수권이 없으면 한 심급이 끝나면 소송대리인의 임무는 끝나며(제90조 제2항 제3호), 이를 심급대리의 원칙이라 한다.

2. 항소심 사건의 소송대리인인 변호사의 위임사무는 특별한 약정이 없는 한 항소심 판결정본이 송달된 때에 종료된다[65]. 따라서 환송 전의 항소심 대리권은 항소심 판결정본 송달시에 소멸된다.

Ⅲ. 파기환송시 소송대리권의 부활 여부

비록 환송판결이 종국판결이지만, 환송 후의 절차는 종전 항소심의 속행이므로 종전의 항소심의 소송대리권은 부활한다. 즉, 항소심 판결이 상고심에서 파기되고 사건이 환송된 경우, 사건을 환송받은 항소심법원이 환송 전의 절차를 속행하여야 하고, 환송 전 항소심에서의 소송대리인인 변호사 등의 소송대리권은 부활한다.[66]

---

64) 대결 2013.7.31, 2013마670; 대결 2000.1.31, 99마6205; 대판 1994.3.8, 93다52105.
65) 대결 2000.1.31, 99마6205 참조.
66) 대판 1991.11.22, 91다18132; 대판 1985.5.28, 84후102.

한편 환송 후 위임사무의 범위에서 제외하기로 약정하였다는 등의 특별한 사정이 없는 한 변호사 등은 환송 후 항소심 사건의 소송사무까지 처리하여야만 비로소 위임사무의 종료에 따른 보수를 청구할 수 있다.

Ⅳ. 사안의 해결

丙의 소송대리권은 부활하고, 환송 후 항소심 사건의 소송사무까지 처리하여야만 보수를 청구할 수 있다.

참조판례 파기환송심에서의 변호사보수

항소심판결이 상고심에서 파기되고 사건이 환송되는 경우에는 사건을 환송받은 항소심법원이 환송 전의 절차를 속행하여야 하고 환송 전 항소심에서의 소송대리인인 변호사 등의 소송대리권이 부활한다(대판 1991.11.22, 91다18132; 대판 1985.5.28, 84후102 등 참조).
따라서 환송 후 위임사무의 범위에서 제외하기로 약정하였다는 등의 특별한 사정이 없는 한 변호사 등은 환송 후 항소심 사건의 소송사무까지 처리하여야만 비로소 위임사무의 종료에 따른 보수를 청구할 수 있다(대판 2016.7.7, 2014다1447).

표 9 소송상 대리인의 유형

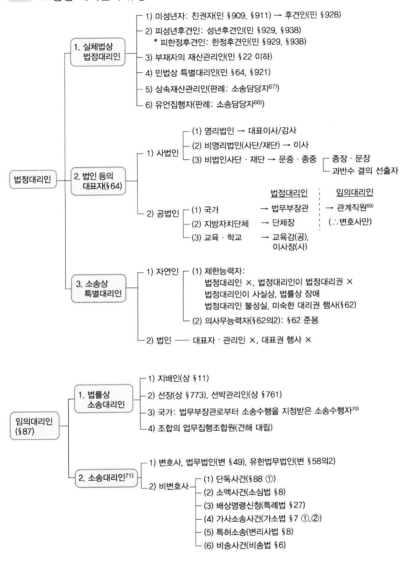

---

67) 대판 2007.6.28, 2005다55879. 법정대리인으로 본 판례도 있다(대결 1967.3.28, 67마155).
68) 대판 1999.11.26, 97다57733; 동 2010.10.28, 2009다20840.
69) 법률상 소송대리인의 '국가' 부분 참조.
70) 예컨대, 법무부장관(법정대리인) → 검사 또는 공익법무관(소송수행자) → 관계직원(소송수행자)
71) 포괄적 대리권을 가진 임의대리인을 말하며, '소송위임에 의한 소송대리'의 소라고 한다.

乙은 2014.3.10. 甲 종중(대표자 A)으로부터 1억 원을, 연 12%, 변제기 2015.3.9.로 정하여 차용하면서, 이를 담보하기 위해 乙 소유의 X 토지에 관하여 甲 종중과 매매예약을 체결하였고, 이에 따라 X 토지에 관하여 가등기를 마쳤다. 甲 종중은 위 변제기가 지난 후 가등기담보 등에 관한 법률이 정한 청산절차를 이행하고, 2015.10.14. 乙을 상대로 X 토지에 대한 가등기에 기한 본등기절차이행을 구하는 소(이하 '이 사건 소'라 한다)를 제기하였다. 이 사건 소송계속 중 A는 甲 종중의 대표자 지위를 상실하게 되었다. 그럼에도 A는 그 후 계속 소송을 수행하다가 이 사건 소를 취하하였다. A의 소 취하는 효력이 있는지와 그 근거를 설명하시오.[72]

답안 구성

---

[72] 변호사시험 제5회(2016), 10점.

『사례 풀이』

I. 사안의 쟁점

첫째, 종중의 법적 성격이다.

둘째, 만일 종중이 법인 또는 비법인 사단인 경우, 종중의 대표자의 지위는 법정대리인에 관한 규정을 준용한다(제64조).

셋째, 소송계속 중 종중의 대표자가 대표자 지위를 상실한 후에 한 소 취하의 효력이 있는가이다.[73] 이 경우 대표권 소멸의 통지를 한 경우와 통지하지 않은 경우로 나누어 분석해야 한다. 그리고 법원이 소멸사실을 안 경우에 그 효력이 있는지도 문제된다.

II. A의 대표권 소멸 후 소 취하

1. 원 칙

소송계속 중 법정대리권이 소멸한 경우, 본인 또는 대리인이 상대방에게 소멸된 사실을 통지하지 아니하면 소멸의 효력을 주장하지 못한다(제63조 제1항 본문). 그리고 이 규정은 법인 또는 비법인사단의 대표자에게도 준용된다(제64조).

따라서 대리권의 소멸통지가 상대방에게 도달할 때까지 구대리인이 한, 또는 구대리인에 대한 소송행위는 유효하다. 이 경우 상대방이 대표권 소멸을 알든 모르든, 모른 데에 대한 과실이 있든 없든 유효하다. 이는 통지 유무에 의하여 법정대리권의 소멸 여부를 획일적으로 처리함으로써 소송절차의 안정과 명확을 기하기 위해서이다.[74]

위 사례의 경우 종중 대표자이었던 A가 대표자 지위를 상실한 후 소 취하를 한 경우, 대표권 소멸의 통지를 하지 않았으므로 소취하의 효력은 있다.

---

73) 사안에서 甲 종중이 법인, 비법인 또는 조합인지가 분명하지 않다. 만일 조합으로 해석할 경우에는 복잡하다. 법인격 있는 단체임을 전제로 해서 답안을 구성하기로 한다.

74) 민사소송법 제64조, 제63조 제1항은 법인 대표자의 대표권이 소멸한 경우에도 이를 상대방에게 통지하지 아니하면 그 소멸의 효력을 주장하지 못한다고 규정하고 있다. 그 취지는 법인 대표자의 대표권이 소멸하였다고 하더라도 당사자가 그 대표권의 소멸사실을 알았는지의 여부, 모른 데에 과실이 있었는지의 여부를 불문하고 그 사실의 통지 유무에 의하여 대표권의 소멸 여부를 획일적으로 처리함으로써 소송절차의 안정과 명확을 기하기 위함에 있다. 법인 대표자의 대표권이 소멸된 경우에도 그 통지가 있을 때까지는 다른 특별한 사정이 없는 한 소송절차상으로는 그 대표권이 소멸되지 아니한 것으로 보아야 하므로, 대표권 소멸사실의 통지가 없는 상태에서 구대표자가 한 항소 취하는 유효하고, 그 후 신대표자가 항소 취하에 이의를 제기하였다고 하여 달리 볼 것은 아니다(대판 2007.5.10, 2007다7256).

2. 예 외

대리권이 소멸된 대표자가 상대방과 통모하여 배신적 소송행위를 한 경우에도 대리권이 유효하다고 보는 것은 당사자에게 가혹하다.[75] 따라서 민사소송법은 소멸통지 효력의 예외를 인정하여 법원에 법정대리권의 소멸사실이 알려진 뒤에는 그 법정대리인은 제56조 제2항의 소송행위를 하지 못한다라는 단서 규정을 신설하였다(제63조 제1항 단서).[76]

만일 위 사례의 경우, 법원에 법정대리권의 소멸사실이 알려진 뒤에는 소 취하는 무효이다.

3. 대표권 소멸 후 소 취하

1) 종중 대표자이었던 A가 대표자 지위를 상실한 후 소 취하를 한 경우, 대표권 소멸의 통지를 하지 않았으므로 소 취하의 효력은 있다.

2) 법원에 대표권 소멸사실이 알려지지 않았다면 소 취하의 효력은 있다.

3) 사안에서는 분명하지 않지만, 소송계속 후이므로 피고의 동의가 있어야만 소 취하의 효력이 있다.

Ⅲ. 사안의 해결: A의 소 취하의 효력

피고 乙에게 A의 대표권이 소멸된 사실을 통지하지 않았고, 또한 법원이 이를 알았다는 사정도 없다. 그러므로 대표자 지위가 상실된 A가 피고의 동의를 얻어서 한 소 취하는 효력이 있다.

---

75) 법인 대표자의 대표권이 소멸된 경우에도 통지가 있을 때까지는 대표권이 소멸되지 아니한 것으로 보아야 하므로, 대표권 소멸사실의 통지가 없는 상태에서 구대표자가 한 소 취하는 유효하고, 상대방이 그 대표권 소멸사실을 알고 있었다고 하여 달리 볼 것은 아니다(대판(전) 1998.2.19, 95다52710).

76) 법인의 경우에는 대표자가 변경된 내용이 기재된 등기사항증명서를 법원에 제출한다면 법원에 법정대리권의 소멸사실이 알려진 것으로 볼 수 있다.

표 10 법정대리인과 임의대리인의 비교

		법정대리인	임의대리인
공통점		1) 제3자. 즉, 대리인 2) 대리권의 서면 증명(§58, §89 ①) 3) 대리권의 소멸 통지(§63, §97) 4) 대리권 범위의 법정(§56, §90) 5) 민법상 표현대리의 배제[77] 6) 소 제기시는 소송요건. 직권조사사항 7) 대리권 없는 자의 행위는 유동적 무효, 단 추인이 가능 간과판결시 확정 전 상소, 확정 후 취소	
차이점	1) 실질적 성격	소송능력 보충을 위한 대리인 → 당사자 지위와 가깝다.	소송능력 확장을 위한 대리인 → 당사자 지위와 가깝다.
	2) 발생원인	법률의 규정	(1) 소송대리인: 수권 (2) 법률상 소송대리인: 법에 의해 지위가 인정 특별한 수권행위가 필요없다.
	3) 표시 차이	소장·판결서의 필수적 기재사항	특별한 규정이 없다.

	4) 대리권 범위	원칙적으로 대리행위의 제한이 없다.
		단, 후견인과 공동대리는 제한이 있다.
			(1) 법률상 소송대리인
			  법령의 규정에 정한 의한 행위(원칙적으로
			  일체의 소송행위)
			(2) 소송위임에 의한 소송대리인(변호사 등)[78]
			  ① 특별수권 이외의 일체의 소송행위(§90 ①)
			  ② 특별수권(§90 ②)

	5) 소송수행상	본인의 간섭을 전혀 받지 않는다. 일체의 소송행위	원칙적으로 일체의 소송행위 본인 또는 법정대리인의 경정권을 인정(§94)
	6) 증인적격	당사자신문절차	증인적격 인정
	7) 소멸사유	(§51 및 민 §127) (1) 본인 사망 (2) 법정대리인 사망 (3) 법정대리인의 성년후견개시 또는 파산 (4) 본인의 소송능력 상실 (5) 법정대리인의 자격상실[79]	(§51 및 민 §127) × (1) 대리인 사망(민 §127) (2) 대리인 성년후견개시 또는 파산(민 §127) (3) 위임사건의 종료(민 §689) (4) 위임계약의 해지 ┐ 통지(§97, §63) (5) 본인의 파산(민 §699) ┘

---

77) 대판 1994.2.22, 93다42047.
78) 변호사의 소송대리권은 제한할 수 없다(제91조 본문). 비변호사의 경우, 변제의 영수와 같이 개별적 범위
   를 정해 놓고 제한할 수 있다(제91조 단서).
79) 친권의 상실, 후견인의 사임 또는 해임, 소송상 특별대리인의 해임.

IV

소송물

양계업자 甲(강원도 춘천 거주)은 2007년 10월 30일, 乙 회사(본사: 경기도 수원시 소재)로부터 배합사료를 매입하여 종전방식에 따라 곡류와 어분 등을 첨가, 배합하여 강원도 원주시 소재 자신의 농장에서 키우는 양계에 급식하였다. 그 전까지 아무런 이상이 없던 닭들이 심한 중독현상을 일으키더니, 약 50,000수 이상의 닭이 계속 죽었다. 이에 甲은 乙 회사를 상대로 민법 제750조 불법행위를 이유로 2억 원의 손해배상청구의 소를 제기하였다.[1]

1-1. 위 사건은 어떠한 법률관계인가?

1-2. 사물관할은?

1-3. 토지관할은?

1-4. 소송물은?

2-1. 甲은 불법행위를 이유로 제소하였는데 소송 중에 乙의 행위가 계약불이행도 된다고 주장하였다. 이때 甲의 소송상 청구는 몇 개인가?

2-2. 甲은 불법행위를 주장한 소송 중에 계약불이행을 주장하는 것이 더 유리할 것 같다는 생각이 들어 주장을 그렇게 바꾸었다. 이때 법원은 어떤 사항을 심리하여 그 주장을 받아들일 수 있겠는가?

2-3. 甲은 불법행위를 주장한 소송계속 중에 별도로 계약불이행을 주장하면서 손해배상청구의 소를 제기하였다. 이는 적법한가?

2-4. 甲은 乙이 불법행위를 하였음을 주장하여 제소하였다. 이에 법원은 乙의 행위가 불법행위가 아니고 계약불이행이라고 하여 청구인용판결을 선고할 수 있는가?

3-1. 甲은 불법행위와 계약불이행로 인한 양자의 청구권을 주장하다가, 불법행위로 인한 청구권을 철회한 경우 피고의 동의를 받아야 하는가?

3-2. 甲은 불법행위를 주장하여 청구기각의 판결을 받고 항소하였다. 항소심에서 아무래도 승소할 가망이 없다고 생각한 甲이 소를 취하하였다. 그 뒤 甲이 다시 乙의 계약불이행을 주장하여 손해배상청구의 소를 제기하였다. 이 소는 적법한가?

3-3. 甲은 불법행위를 주장하여 청구기각판결을 선고받고 항소를 하지 않았다. 얼마 뒤에 甲이 다시 계약불이행을 이유로 하여 손해배상청구의 소를 제기하였다. 이 소는 적법한가?

4-1. 甲은 乙이 공급한 사료가 부패한 것을 알고, 2010.9.1. 乙을 상대로 계약불이
행에 기인한 소를 제기하였으나, 패소해 2015.1.29.에 판결이 확정되었다. 그
후 甲은 2015.5.27.에 다시 乙을 상대로 불법행위로 인한 손해배상청구의 소
를 제기하였다. 이는 가능한가?

답안 구성

---

1) 대판 1983.5.24, 82다390, 82다카924 참조.

표 11 신·구 소송물이론의 적용

사실관계		구이론	신이론
소송물의 기준		실체법상의 권리 또는 법률관계	소송법적 요소
		청구원인(= 실체법상 권리의 발생원인)	청구취지2)
1-1. 어떠한 법률관계인가		민사사건	민사사건
1-2. 사물관할		단독사건	단독사건
1-3. 토지관할	보통재판적	수원지방법원(§2, §5)	수원지방법원(§2, §5)
	특별재판적	춘천지방법원(§8) 원주지원(§18)	춘천지방법원(§8) 원주지원(§18)
1-4. 소송물		민법 제750조상의 불법 행위에 근거한 손해배 상청구권의 주장	손해배상청구3)
(2-1. 청구의 병합) 甲은 불법행위를 이유로 제소하였는데 소송 중에 乙의 행위가 계약불이행도 된다고 주장하였다. 이때 甲의 소송상 청구는 몇 개인가?		2개	1개
(2-2. 청구의 변경) 甲은 불법행위를 주장한 소송 중에 계약 불이행을 주장하는 것이 더 유리할 것 같다는 생각이 들어 주장을 그렇게 바꾸었다. 이때 법원은 어떤 사항을 심리하여 그 주장을 받아들일 수 있겠는가?		소송물의 변경4)	공격방어방법의 변경
(2-3. 중복소송) 甲은 불법행위를 주장한 소송계속 중에 별 도로 계약불이행을 주장하면서 손해배상청구의 소를 제기하 였다. 이는 적법한가?		적법	중복소송 → 후소 부적법 각하
(2-4. 처분권주의) 甲은 乙이 불법행위를 하였음을 주장하여 제소하였다. 이에 법원은 乙의 행위가 불법행위가 아니고 계 약불이행이라고 하여 청구인용판결을 선고할 수 있는가?		선고 불가 (처분권주의 위배)	선고 가능
(3-1. 소의 일부취하와 공격방법의 일부철회) 甲은 불법행위 와 계약불이행으로 인한 양자의 청구권을 주장하다가, 불법행위 로 인한 청구권을 철회할 경우 피고의 동의를 받아야 하는가?		소송물의 일부 철회 피고의 동의 필요	공격방법의 일부 철회 피고의 동의 불필요5)
(3-2. 재소금지) 甲은 불법행위를 주장하여 청구기각의 판결 을 받고 항소하였다. 항소심에서 아무래도 승소할 가망이 없 다고 생각한 甲이 소를 취하하였다. 그 뒤 甲이 다시 乙의 계 약불이행을 주장하여 손해배상청구의 소를 제기하였다. 이 소는 적법한가?		재소금지 해당 ×	재소금지 해당 → 후소 부적법 각하

---

2) 일지설의 입장이다. 이지설은 청구취지(신청) + 청구원인(=사실관계)이다.
3) 이지설은 위 사실관계(乙의 배합사료로 인한 닭의 폐사)에 근거한 손해배상청구이다.
4) 청구의 변경요건을 갖추어야 한다. 첫째, 청구의 기초의 동일성, 둘째 사실심 변론종결 전일 것, 셋째 소송 절차를 지연시키지 않을 것 등의 요건을 갖추어야 한다(제262조 제1항).
5) 만일 법률적 관점에서 철회된 경우로 인정되면, 법원을 구속할 수 없는 법률상 진술의 철회가 된다.

(3-3. 기판력) 甲은 불법행위를 주장하여 청구기각판결을 선고받고 항소를 하지 않았다. 얼마 뒤에 甲이 다시 계약불이행을 이유로 하여 손해배상청구의 소를 제기하였다. 이 소는 적법한가?	적법	기판력의 저촉 → 모순금지설-청구 기각[6] 반복금지설-부적법 각하[7]
(4-1. 시효중단) 甲은 乙이 공급한 사료가 부패한 것을 알고, 2010.9.1. 乙을 상대로 계약불이행에 기인한 소를 제기하였으나, 패소해 2015.1.29. 판결이 확정되었다. 그 후 甲은 2015.5.27.에 다시 乙을 상대로 불법행위로 인한 손해배상청구의 소를 제기하였다. 이는 가능한가?	제척기간 도과 → 부적법 각하[8]	기판력의 저촉[9]→ 모순금지설-청구 기각 반복금지설-부적법 각하

---

6) 이 경우 우리 대법원 판례는 소의 이익이 있다고 보며, 전소송 판결과 모순되는 판단을 해서는 안 되므로 본안판결인 청구기각판결을 해야 한다고 한다.

7) 기판력 있는 전소판결이 없을 것이라는 것은 소극적 소송요건이다.

8) 甲이 전소에서 주장한 소송물인 계약불이행에 기한 손해배상청구권만 시효중단되고, 불법행위로 인한 손해배상청구권은 시효중단되지 않는다. 따라서 후소 제기 당시 이미 손해 및 가해자를 안 날로부터 3년이 경과하여 시효소멸된다.

9) 첫째, 甲이 전소로 제기한 손해배상청구소송의 소송물을 이유 있게 한 모든 실체법상 권리(법적 관점)에 대한 소멸시효가 중단되므로, 불법행위로 인한 손해배상청구권도 시효소멸하지 않는다. 둘째, 그러나 불법행위에 기한 후소는 전소와 소송물이 동일하여 기판력에 저촉되므로 부적법하다.

보충해설 소송물의 개념과 신구이론

1. 소송물의 개념
1) 소송의 객체(= 소송상 청구 = 심판의 대상): 분쟁이 된 권리의 부분
(1) 실체법상 청구권과 구별

소송상 청구는 법원에 하는 것이고, 실체법상 청구는 상대방(의무자)에게 하는 것이다.

(2) 원고에 의해 청구의 내용과 범위가 특정된다.
  ① 처분권주의
  ② 소의 종류(이행·확인·형성의 소)

(3) 사실관계와 법률관계
  ① 원고는 소송상 청구를 특정해야 하고, 소송자료(사실의 주장과 사실을 뒷받침하기 위한 증거자료)도 준비해야 한다.
  ② 사실자료 중 법적으로 의미있는 것만 골라서 주장(법률요건 중 법률사실을 주장)한다.

2) 소송물 기준: 동일성 판단기준에 관한 다툼
(1) 논쟁의 핵심
  ① 소송물의 동일성을 판단하는 기준을 무엇으로 볼 것인지가 논쟁의 핵심이다.
    즉, 소송물이 동일한지 다른지(異同), 하나인지 여럿인지(單複) 여부를 어떠한 기준에 의하여 판단할지에 대한 다툼이다.
  ② 구체적으로 원고가 하나의 소송에서 여러 개의 주장을 내세우는 경우, 이를 법적 관점 또는 단순히 공격방법으로 보는지에 따라 소송물이 하나인가 여러 개인가가 달라지게 된다.

(2) 소송물을 정하는 기준
  ① 구실체법설(구이론): 청구원인(구식별설)
  ② 소송물설(신이론)[10]: 청구취지(신식별설)

2. 소의 이익: 소송할 만한 가치
1) 소송물의 특정[11]
2) 권리보호자격이 있어야 한다.
(1) 구체적 권리 또는 법률관계
(2) 법률상 제소금지사유: 중복제소의 금지, 재소금지
  계약상 제소금지사유: 부제소특약
(3) 제소장애사유가 없을 것: 소송비용청구는 소송비용확정절차
(4) 동일청구에 대한 승소확정판결을 받은 경우가 아닐 것[12]

3) 권리보호의 이익: 권리보호의 자격이 있더라도 소송해 봐야 쓸모가 없는 경우
  : 이행의 소, 확인의 소, 형성의 소 등 각 소의 고유한 이익

---

10) 일원설과 이원설이 있다.

11) 소송물로 하는 권리 또는 법률관계의 목적인 물건은 특정되어야 하고, 소송물이 특정되지 아니한 때에는 법원이 심리·판단할 대상과 재판의 효력범위가 특정되지 않게 되므로, 토지소유권확인소송에서의 소송물인 대상 토지가 특정되었는지 여부는 소송요건으로서 법원의 직권조사사항에 속한다(대판 2011.3.10, 2010다 87641).

12) 기판력의 본질에 관한 모순금지설의 입장에 따른 설명이다. 기판력의 본질에 관하여 반복금지설은 소극적 소송요건, 모순금지설은 소의 이익으로 본다.

표 12 소의 유형

소의 유형		이행의 소	확인의 소	형성의 소
1. 개념	의의	이행청구권의 확정과 피고에 대한 이행명령을 해 달라고 요구하는 소	권리 또는 법률관계의 존재·부존재의 확정을 요구하는 소	법률관계의 변동을 요구하는 소
	대상	실체법상의 청구권	• 원칙: 권리 또는 법률관계만이 대상적격 • 예외: 증서진부확인의 소(§250)	법에 허용된 경우에만 인정
2. 유형		• 현재의 이행의 소 • 장래의 이행의 소(§251)	• 적극적 확인의 소 소극적 확인의 소 • 중간확인의 소	• 실체법상의 형성의 소(사해행위취소의 소) • 소송상의 형성의 소(재심) • 형식적 형성의 소(실질은 비송)
3. 청구취지 기재사항		이행의 대상·내용과 함께 이행판결을 구하는 취지	확인의 대상·내용과 함께 확인판결을 구하는 취지	형성의 대상·내용과 함께 형성판결을 구하는 취지
4. 소의 이익	주관적 이익 (당사자적격)	• 원고적격: 자기의 이행청구권을 주장하는 자 • 피고적격: 원고로부터 이행의무자로 주장된 자	• 원고적격: 청구에 대하여 확인의 이익을 가지는 자 • 피고적격: 원고의 보호이익과 대립되는 이익을 가진 자 → 확인의 이익과 결부, 각 사건마다 개별적으로 판단	• 법률에 규정 • 법규정 ×: 소송물과의 관계에서 가장 강한 이해관계를 갖고 있고, 충실한 소송수행을 기대할 수 있는 자
	권리보호 자격 (청구적격)	(1) 청구가 소구할 수 있는 구체적인 권리 또는 법률관계일 것 (2) 법률상 또는 계약상의 제소금지사유가 없을 것 (3) 제소장애사유가 없을 것 (4) 원고가 동일청구에 대하여 승소확정의 판결을 받은 경우가 아닐 것		
	권리보호 이익	(1) 현재의 이행의 소 ① 이행기 도래+이행청구권의 존재를 주장하는 것으로서 권리보호의 이익이 인정 ② 집행불가능 및 현저한 곤란도 가능 ③ 목적실현의 실익이 없는 청구 (2) 장래의 이행의 소: 미리 그 청구할 필요가 있는 경우에 한해 허용	(1) 대상적격 (2) 확인의 이익 ① 법률상 이익 ② 현존하는 불안 ③ 불안제거의 유효·적절한 수단(방법 선택의 적절)	(1) 원칙: 법률에 규정 (2) 예외: 부인되는 경우 ① 소로써 달성하려는 목적이 이미 실현된 경우 ② 소송계속 중 사정변경에 의하여 원상회복이 불가능하게 된 경우 ③ 별소의 권리구제절차에 의하는 것이 직접적인 경우
5. 소송물	구이론	개개의 실체법상 청구권의 주장	일정한 권리 또는 법률관계의 존부의 주장	개개의 형성권의 주장
	신이론	청구취지에 표현된 이행을 구할 수 있는 법적 지위의 주장 내지 이행명령을 해 줄 것의 요구	청구취지에 표시된 권리관계의 존부의 주장 내지 확인판결을 해 달라는 요구	청구취지에 표시된 법률관계의 형성을 구할 수 있는 법적 지위의 주장 내지는 판결을 통한 권리관계의 형성의 요구
6. 판결의 종류		인용시-이행판결 ┌기판력○ └집행력○ 기각시-확인판결	인용시-확인판결 ┌기판력 ○ └집행력 × 기각시-확인판결	인용시-형성판결 ┌기판력 ○ └형성력 ○ 기각시-확인판결

사례 Ⅳ-2

甲은 乙을 상대로 소를 제기하면서 소장의 청구취지란에 [별지 기재의 건물이 원고의 소유임을 확인한다]라고만 기재하였다. 그러나 청구원인 기재란에는 소유권의 취득원 인사실을 기재하지 않았다.

(1) 위 소장에 대해 재판장이 할 수 있는 법적 조치는?

(2) 乙은 위 소장부본을 교부송달로 적법하게 송달받은 후 30일 이내에 아무런 답변서를 제출하지 않았다. 법원은 무변론판결을 할 수 있는가?[13]

답안 구성

---

13) 사법시험 제45회(2003)와 유사.

I. 사안의 쟁점

확인의 소에 있어서 청구취지만으로 소송물이 특정될 수 있는지가 문제이다.

설문 (1)의 경우, 청구취지만으로 소송물이 특정된다고 하면 재판장의 보정명령은 필요가 없으나, 그렇지 않다면 보정명령을 해야 한다.

또한 피고가 소장부본을 송달받은 날부터 답변서를 30일 내에 제출하지 않은 경우, 자백간주로 보아 무변론판결을 할 수 있다(제256조 및 제257조). 다만, 예외적으로 직권으로 조사할 사항이 있거나 판결이 선고되기까지 피고가 원고의 청구를 다투는 답변서를 제출한 경우에는 무변론판결을 할 수 없다(제257조 제1항 단서). 따라서 설문 (2)의 경우 무변론판결을 할 수 있는 요건을 갖추었는지가 문제의 핵심이다.

II. 설문 (1)의 해결

1. 소장의 필수적 기재사항과 청구의 특정

청구취지와 청구원인은 소장의 필수적 기재사항이다(제249조 제1항). 청구취지는 소송물의 동일성을 가지는 기준이다. 청구원인의 기재에 대해서는 식별설(동일인식설)과 이유기재설(사실기재설)이 대립되고 있다. 식별설은 다른 권리관계와 구별하기에 필요한 사실만 기재하면 된다는 견해이고, 청구가 무엇인가를 특정하기 위한 것이라고 한다. 이에 대해 이유기재설은 청구가 이유 있게 하는데 필요한 일체의 사실을 기재하여야 한다는 견해이며, 청구를 이유 있게 하기 위한 것이라고 한다.

생각건대 이유기재설은 프로이센란트법에서 채택한 동시제출주의를 전제로 한 것이므로 현행 민사소송법에서는 동시제출주의가 아닌 적시제출주의를 채택하고 있어이를 받아들이기는 어렵다. 따라서 소장에는 청구가 특정되면 되고, 나머지 기재사실은 변론준비절차와 변론기일에 제출하면 충분하다고 생각한다. 따라서 식별설이 타당하며, 통설이라 할 수 있다.

2. 확인의 소의 경우

확인소송의 소송물에 대해 학설의 다툼이 있다. 다수설은 확인소송의 소송물은 일정한 권리 또는 법률관계의 존부의 주장이며, 소장의 청구취지에 의해 특정된다는 견해이다. 이 견해는 구실체법설과 소송법설의 일원론의 입장이다.

이에 대해 확인의 소도 소장에 청구원인을 반드시 기재하도록 한 현행법 규정상 소송물의 특정에도 이를 고려해야 하며, 처분권주의와 변론주의를 취하는 소송법 구조에서는 확인의 소에서도 원고가 주장한 권리취득의 원인사실만을 법원이 심리하고, 그 이외의 사실은 심리할 수가 없으므로 그러한 사실은 소송물의 범위에 포함시킬 수 없다는 견해가 있다. 따라서 확인소송의 소송물은 청구취지뿐만 아니라 청구원인에 기재된 사실관계에 의하여 특정되며, 이는 소송법설의 이원론의 입장이다.

구실체법설과 소송법설의 일원론의 입장에 의하면 확인소송의 경우 소장에 청구취지만 기재하면 되지만, 이원론에 의하면 청구취지뿐만 아니라 청구원인도 기재하여야 한다.

3. 재판장의 소장심사와 보정명령

재판장의 소장심사의 대상은 다음과 같다.

첫째, 소장의 필수적 기재사항이 제대로 기재되었는지의 여부이다.

둘째, 소장에 법정의 인지가 첨부되었는지의 여부이다.

심사한 결과 소장에 흠결이 발견된 때에는 재판장은 상당한 기간을 정하여 원고에게 보정명령을 내린다(제254조 제1항). 이러한 보정명령에 대해 원고는 독립하여 이의신청이나 항고를 할 수 없다. 다만, 원고가 보정명령에 따르지 아니한 때의 재판장의 소장각하명령에 대해서는 즉시항고할 수 있다(제254조 제2항 및 제3항).

4. 설문 (1)의 해결

1) 위 사례 (1)에서 甲은 소유권의 확인을 구하는 청구취지만 소장에 기재하고, 매매나 취득시효 등 소유권의 취득원인을 기재하지 않았다.

다수설에 의하면 확인소송의 경우 소송물은 청구취지만으로 특정되므로 청구원인을 기재하지 않아도 된다. 이에 대해 소수설은 확인소송의 경우도 소송물의 특정은 청구취지뿐만 아니라 청구원인을 기재하여야만 소송물이 특정된다고 한다.

따라서 다수설에 의하면 소장의 필수적 기재사항이 충족되었다고 보나, 소수설에 의하면 소장에 흠이 있는 것이 된다.

2) 그러므로 다수설에 따르면 재판장의 보정명령이 없어도 되나, 소수설에 따르면 재판장은 보정명령을 하여야 한다.[14] 만일 원고가 보정명령에 응하지 않으면 재판장은 소장각하명령을 하여야 한다(제254조 제2항).

한편 청구원인이 전혀 기재되지 않은 소장이 접수된 경우, 법원사무관등은 이러한 소장의 접수는 거부할 수는 없지만, 접수된 소장의 보완을 위하여 필요한 사항을 지적하고 보정을 권고할 수 있다(민사소송규칙 제5조 제1항 및 제3항). 나아가 재판장은 법원사무관등에게 소장각하의 대상이 되는 사항에 대해 보정명령을 하게 할 수 있다.

따라서 실무적인 측면에서 볼 때, 다수설에 의하더라도 재판장은 보정명령을 내릴 수 있다.

Ⅲ. 설문 (2)의 해결

1. 답변서제출의무

소장부본을 송달받은 피고가 원고의 청구를 다투는 경우에는 송달받은 날로부터 30일 이내에 답변서를 제출해야 하며, 아울러 법원은 소장부본을 송달시에 위 취지를 피고에게 알려야 한다(제256조 제1항 본문 및 제2항). 그리고 답변서의 내용도 '원고의 청구를 전부 부인한다.' 등 형식적 답변서는 허용되지 않으며, 준비서면에 준하는 실질적인 답변서를 요구하고 있다(제256조 제4항 및 제274조 참조).

2. 무변론판결

1) 법원은 피고가 소장부본을 송달받은 후 30일 이내에 답변서를 제출하지 않은 경우에는 청구원인을 자백한 것으로 간주하여 변론 없이 판결을 할 수 있고(제257조 제1항 본문), 피고에게 소장부본을 송달할 때에 변론 없이 판결을 선고할 기일을 함께 통지할 수 있다(제257조 제3항). 다만, 예외적으로 직권으로 조사할 사항이 있거나 판결이 선고되기까지 피고가 원고의 청구를 다투는 답변서를 제출한 경우에는 무변론판결을 할 수 없다(제257조 제1항 단서).

위 사례의 경우, 원고 甲이 소장에 소유권취득의 원인사실을 전혀 기재하지 않았으므로 무엇에 대한 자백간주가 성립하는지가 문제이다. 소장에 적힌 [별지 기재목록의

---

14) 법원사무관등도 재판장의 지시에 따라 보정명령을 할 수 있다(제254조 제1항 단서).

건물은 甲 소유권의 확인을 구한다]의 청구취지는 소송물이므로, 이를 자백간주한다는 것은 청구의 인낙이다. 하지만 청구의 인낙에는 인낙간주가 없으므로 乙이 甲의 소송상 청구를 인낙한 것으로는 인정될 수 없다.

나아가 소유권이 [甲에게 있다]는 권리 또는 법률관계에 자백간주가 성립하는지의 여부이다. 현재 학설은 대체로 부정적이고, 판례 또한 자백간주는 상대방의 사실상의 주장에 관하여서만 적용되고, 법률상의 주장에 관해서는 적용되지 않는다고 한다.

그러므로 위 사례의 경우, 甲의 소유권 존재를 자백간주에 의해 인정한다는 것은 주장책임분배의 원칙에 위배된다고 볼 수 있고, 원·피고 사이의 공평에도 어긋난다고 본다.

2) 확인소송의 경우, 확인의 이익이 필요하다. 이러한 확인의 이익은 소송요건이며, 법원의 직권조사사항이다.

위 사례에서 甲은 확인의 이익을 뒷받침할 수 있는 사실관계를 조사하여야 하고, 이러한 내용이 소장에 기재되어야 한다. 따라서 이러한 내용이 소장에 기재되지 않았으므로 무변론판결을 할 수 없다. 또한 확인의 이익은 직권조사사항으로 변론주의가 적용되지 않고 법원은 자백간주에 구속받지 않으므로 무변론판결을 할 수는 없다.

최근판결 답변서를 미제출하여 청구기각할 경우에도 무변론판결이 가능한가?

甲은 乙의 언니인 丙에게서 39,000,000원을 빌리면서 그중 일부인 35,000,000원을 乙 명의의 계좌로 송금하였다는 등의 이유로 乙은 丙과 연대하여 위 대여금 일부를 지급할 의무가 있다고 주장하는 소를 제기하였다. 이 소송에서 乙은 소장본본을 송달받고도 답변서를 제출하지 아니하자, 하급심은 변론 없이 甲의 주장은 그 자체로 이유 없다고 보아 甲의 청구를 기각하는 판결을 선고하였다.

이에 대해 대법원은, **무변론판결은 원고의 청구를 인용할 경우에만 가능하고, 원고의 청구가 이유 없음이 명백하더라도 변론 없이 하는 청구기각판결은 인정되지 아니함**에도 제1심이 무변론으로 원고의 청구를 기각함으로써 피고가 변론에 참여하여 의견을 제시할 기회가 차단되었음을 부인할 수 없다. 차라리 제1심에서 원고의 청구를 인용하는 무변론판결이 선고되었더라면 피고는 원심에서 원고의 주장 사실을 부인하거나 이를 다투는 서면을 제출하는 등 필요한 조치를 취하였을 것으로 넉넉히 짐작되는데, 제1심의 위와 같은 잘못된 조치로 인하여 피고는 사실상 심급의 이익을 박탈당하는 결과가 되고 말았다고 하였다(대판 2017.4.26, 2017다201033).

甲은 2017년 1월경 乙에게 2억 원을 빌려 주었으나, 이행기 당시 乙은 변제능력이 없었다. 다만, 乙은 丙에게 2억 원의 채권이 있었으며, 이행기가 이미 지난 상태이었다. 또한 丁도 乙에게 2억 원의 채권을 가지고 있었으며, 이행기가 도래한 후였다.

甲이 丙을 피고로 하여 매매대금채권지급의 소를 제기하였다. 소송계속 중에 丁도 丙에 대해 소를 제기하였다. 이에 대해 법원은 이 두 소 중 하나를 부적법 각하판결을 하였다. 이 판결은 타당한가?[15]

답안 구성

---

15) 대판 1994.11.25, 94다12517, 12524 등.

Ⅰ. 사안의 쟁점

한 채권에 대해 시간적 간격을 두고 여러 채권자가 제소한 경우, 소송법상 어떻게 처리해야 할 것인지가 문제로 된다. 즉, 채권자대위소송이 경합된 경우 중복제소에 해당하는지가 위 사안의 쟁점이다.

Ⅱ. 채권자대위소송의 의의와 법적 성격

1. 채권자대위권의 의의

채권자대위권이라 함은 채무자가 자신의 재산권을 행사하지 않는 경우, 채권자가 자기의 채권을 보전하기 위하여 채무자와 제3채무자 간의 권리관계에 관하여 채무자의 권리를 대위하여 행사할 수 있는 권리를 말한다(민법 제404조 제1항). 채권자대위권의 행사는 재판외뿐만 아니라, 소를 통해서도 행사할 수 있다.

2. 채권자대위소송의 법적 성격

채권자가 채권자대위권으로 소송상 청구를 하는 경우, 채무자의 권리를 대신 행사한 것인지 아니면 자신이 갖고 있는 권리를 행사한 것인지가 문제이다.

전자라고 한다면 제3자 소송담당이라고 하며, 법률에 의해 인정된 것이라 하여 법정소송담당이라고 한다. 또한 채권자가 받은 판결의 효력은 채무자에게도 미친다(제218조 제3항).

후자라고 한다면 자기의 권리를 행사한 것이므로 판결의 효력은 채무자에게 미치지 않는다.

Ⅲ. 중복제소의 일반

1. 의 의

중복제소라 함은 이미 법원에 소송계속 중인 사건과 동일한 사건에 관하여 다시 소를 제기하는 것을 말한다(제259조). 이를 인정한 이유는 피고의 부당한 응소를 막고, 판결의 모순과 저촉을 막고자 함이다.

2. 요 건

중복제소의 요건은 다음과 같다.
1) 전소의 소송계속 중에 후소가 소송계속되어야 하고,
2) 소송물이 동일하여야 하며,
3) 당사자가 동일하여야 한다.
위 사례의 경우 소송물의 동일성 여부와 당사자의 동일성 여부가 문제가 된다.

IV. 위 설문의 해결

첫째, 중복소송이 되려면 당사자가 동일하거나 또는 제3자에게 기판력이 미쳐야 한다. 그러나 채권자의 대위소송 중에 다른 채권자가 소를 제기한 경우에는 전소의 기판력은 다른 채권자에게 미치지는 않으며, 기껏해야 반사적 효력이 미치는 것에 불과하다. 따라서 대위소송 중 다른 채권자가 채무자를 상대로 제기한 소는 당사자도 다르므로 애초부터 당사자가 동일해야 하는 중복소송의 요건을 갖추지 못하였다.

그러나 판례는 기판력도 미치지 않는 채권자들 간의 중복제소에 해당한다고 하여 부적법 각하한다는 모순된 판례를 보이고 있다.

둘째, 중복제소가 되려면 소송물이 같아야 한다. 여기서 문제가 되는 것은 소송물이 채권자의 대위권행사인가, 아니면 채무자의 권리행사인가 하는 점이다. 판례는 대위소송이 경합하는 경우 부적법 각하판결을 내리는 점에 비추어 볼 때 소송물을 오로지 채무자의 채권을 행사하는 것으로 파악하고 있다. 이에 반해 채권자대위권은 실체법상 인정된 권리를 채권자가 행사하는 것이므로 채권자의 '실체법상의 대위권의 소송상 주장'이 소송물이므로 소송물이 다르다고 보아야 한다는 견해가 있다.

생각건대 채무자에 대한 채권자들의 채권은 반드시 동일하지 않으므로, 채권자대위권의 법적 성질상 후자의 견해가 더 설득력이 있다고 생각한다. 따라서 중복소송의 요건에 해당되지 않는다고 본다.

셋째, 채무자의 수인의 채권자가 공동소송으로 제소하는 것은 무방하다고 하면서, 따로 제소하면 후소는 중복제소라고 하는 것은 논리적으로 맞지 않다고 본다. 이 경우는 후소를 각하시키는 것보다는 변론을 병합하는 것이 타당하다고 생각한다.

그러므로 위 사례에서는 甲이 제소한 소와 丁이 제기한 소는 당사자와 소송물이 다르므로 중복제소에 해당하지 않는다고 보며, 법원은 변론의 병합을 하는 것이 타당하다고 본다.

┏유제┓

> 2017년 1월경 甲은 乙에게 2억 원을 빌려 주었으나, 이행기 당시 乙은 변제능력이 없었다. 다만, 乙은 丙에게 2억 원의 채권이 있었으며, 이행기가 이미 지난 상태이었다. 또한 丁도 乙에게 2억 원의 채권을 가지고 있었으며, 이행기가 도래한 후이었다.
> 甲이 丙을 상대로 채권자대위권을 근거로 한 매매대금청구의 소를 제기하였다. 소송계속 중에 乙도 丙에 대해 매매대금지급청구의 소를 제기하였다. 법원은 이 두 소를 어떻게 처리할 것인가?16)

답안 구성

---

16) 1. 대판 1995.4.14, 94다29256 등.
   2. 중복소송이 아니라는 견해도 있다.

甲은 乙에 대한 2억 원의 채권(이행기일: 2018.7.8.)을 가지고 있었고, 乙은 丙에 대한 1억 원의 채권(이행기일: 2018.8.3.)을 가지고 있었다.

甲은 부산지방법원에 2018.10.2. 위 2억 원의 채권을 피보전채권으로 하여 乙을 대위하여 丙을 상대로 위 1억 원의 지급을 청구하는 소(이하 'A소'라고 한다)를 제기하였는데, 그 소장 부본은 2018.10.17. 丙에게 송달되었고, 같은 날 乙은 A소의 제기사실을 알게 되었다.

한편 乙은 2018.10.4. 서울중앙지방법원에 丙을 상대로 위 1억 원(이하 'B소'라고 한다)의 지급을 청구하는 소를 제기하였는데, 그 소장부본은 2018.10.15. 丙에게 송달되었다.

부산지방법원이 서울중앙지방법원보다 먼저 판결을 선고하는 경우, 부산지방법원은 A소에 대하여 어떠한 판결(청구인용, 청구기각, 소각하)을 하여야 하는가?

답안 구성

『사례 풀이』

Ⅰ. 사안의 쟁점

한 채권에 대해 시간적 간격을 두고 채무자와 채권자가 제소한 경우, 즉 소송이 경합이 된 경우 소송법상 어떻게 처리해야 하는지가 문제된다.

이 사안에서는 A소가 중복소송에 해당하는지, 甲의 당사자적격(원고적격)이 있는지 및 채권자대위권이 존재하는지가 쟁점이다.

Ⅱ. 채권자대위소송의 의의와 법적 성격

1. 채권자대위권의 의의

채권자대위권이라 함은 채무자가 자신의 재산권을 행사하지 않는 경우, 채권자가 자기의 채권을 보전하기 위하여 채무자와 제3채무자 간의 권리관계에 관하여 채무자의 권리를 대위하여 행사할 수 있는 권리를 말한다(민법 제404조 제1항). 채권자대위권의 행사는 재판외 뿐만 아니라, 소를 통해서도 행사할 수 있다.

2. 채권자대위소송의 법적 성격

채권자가 채권자대위권을 소송상 청구하는 경우, 채무자의 권리를 대신 행사한 것이냐 아니면 자신이 갖고 있는 권리를 행사한 것이냐가 문제이다.

전자의 견해에 의하면, 법률에서 자기채권의 보전을 할 수 있도록 제3자인 채권자에게 채무자의 권리에 관한 관리처분권(소송수행권)을 부여한 것이며, 법정소송담당이라고 한다. 현재 판례의 입장이다.

후자의 견해에 의하면, 채권자가 채권의 권능상 자기의 권리인 대위권를 행사한 것이므로 자기의 권리를 행사하는 것이라고 한다.[17]

---

17) 자신의 채권보전설이라고도 한다.

Ⅲ. 중복제소로 인한 부적법각하

1. 의 의

중복제소라 함은 이미 법원에 소송계속 중인 사건과 동일한 사건에 관하여 다시 소를 제기하는 것을 말한다(제259조). 이를 인정한 이유는 피고의 부당한 응소를 막고, 판결의 모순과 저촉을 막고자 함이다.

2. 요 건

중복제소의 요건은 다음과 같다.

(1) 당사자가 동일하여야 한다

판례에 의하면 채권자가 채무자를 상대로 제기한 소송이 계속 중인데 제3자가 채권자를 대위하여 같은 채무자를 상대로 청구취지 및 청구원인을 같이 하는 내용의 소송을 제기한 경우에는 위 양 소송은 비록 당사자는 다를지라도 실질상으로는 동일소송이라 할 것이므로 후소는 중복소송금지규정에 저촉된다.[18]

그러므로 판례에 의하면 A소와 B소는 비록 그 당사자는 다르지만 동일소송에 해당하므로 A소는 중복제소에 해당한다.

(2) 소송물이 동일하여야 한다

구실체법설과 법정소송담당설에 의하면, 채권자대위소송의 소송물은 피대위권리이므로 A소의 소송물과 B소의 소송물은 모두 乙의 丙에 대한 1억 원 청구권으로 동일하다.[19]

(3) 전소의 소송계속 중에 후소가 소송계속되어야 한다

전소와 후소의 판별기준은 소송계속의 발생시기, 즉 소장이 피고에게 송달된 때의 선후에 의한다.[20] 위 사안에서는 B소의 소장부본이 송달된 후에 A소의 소장부본이 송달되었으므로 A소가 후소에 해당한다.[21]

---

18) 대판 1981.7.7, 80다2751.
19) 자기권리의 행사설에 의하면 대위소송의 소송물은 채권자의 대위권행사이므로 A소의 소송물과 B소의 소송물은 서로 다르다.
20) 대판 1990.4.27, 88다카25274.
21) 동일한 사건에 관하여 전소가 제기되었다면 설령 그 전소가 소송요건을 흠결하여 부적법하다고 할지라도 후소의 변론종결시까지 취하·각하 등에 의하여 소송계속이 소멸되지 아니하는 한 후소는 중복제소금지에 위배하여 각하를 면치 못하게 되므로(대판 1998.2.27, 97다45532) 乙이 A소의 제기사실을 알았다는

한편 전소와 후소가 같은 법원에 제기될 것을 요하지 않으므로 A소와 B소가 별개의 법원에 제기되었다는 점은 본 요건 충족에 지장이 되지 않는다.

Ⅳ. 당사자적격의 흠결로 인한 부적법 각하

법정소송담당설을 취하는 판례에 의하면, 위 사안과 같이 채권자(甲)가 대위권을 행사할 당시 이미 채무자(乙)가 권리를 재판상 행사하였을 때에는 채권자는 채무자를 대위하여 채무자의 권리를 행사할 당사자적격이 없다.[22] 따라서 A소는 원고적격을 갖추지 못한 것으로서 부적법하다.[23]

Ⅴ. 채권자대위권의 부존재로 인한 청구기각판결

첫째, 자기권리행사설에 따르면 채무자가 피보전채권을 먼저 행사하였으므로 채권자가 채권자대위권을 행사하려면 그 법률요건이 흠결되었으므로 채권자대위권 자체가 성립되지 않는다. 그러므로 피보전채권의 흠결은 채권자대위권이 인정될 수 없으므로 청구기각판결을 해야 한다.

둘째, 제3자 소송담당설에 의하더라도 청구기각판결을 내려야 한다. 당사자적격 개념상 甲은 채권자대위권을 갖고 있다고 주장하기만 하면 당사자적격을 갖는다. 그리하여 후소에서 甲이 채권자대위권이 있다고 주장만 하면 원고적격이 인정되며, 그리고 乙이 피보전채권을 먼저 행사하였으므로 권리발생원인사실(요건사실)의 흠결로서 청구기각을 내려야 한다.

Ⅵ. 사안의 해결

법원은 A소에 대하여 다음과 같은 판결을 할 수 있다.

첫째, 중복소송에 해당하므로 부적법 각하판결,

둘째, 甲의 당사자적격(원고적격)의 흠결로 부적격 각하판결,

셋째, 채권자대위권의 부존재로 청구기각판결을 내릴 수 있다.

점은 중복제소성립에 영향을 미치지 못한다.

22) 대판 2009.3.12, 2008다65839; 대판 1993.3.26, 92다32876; 대판 1992.11.10, 92다30016.

23) 중복제소라고 본 판례 외에, 최근의 판례는 당사자적격의 흠결을 이유로 각하하는 경향을 보인다.

甲은 乙에 대하여 2억 원 매매대금반환청구의 소를 제기하였다. 그 후 변론기일에서 乙은 매매계약이 체결된 적이 없다고 하면서, 만일 甲의 매매대금채권이 인정된다면 자신도 甲에 대해 2억 원 대여금채권을 가지고 있으므로 상계한다고 주장하였다. 위 소송계속 중 乙은 별도로 甲에 대해 2억 원 대여금지급청구의 소를 제기하였다. 법원은 후소를 어떻게 처리할 것인가?

답안 구성

『사례 풀이』

Ⅰ. 사안의 쟁점

현재 계속 중인 소송에서 상계항변으로 주장한 채권을 별소로 청구하거나 별소로 청구한 채권에 대하여 상계항변을 할 수 있는지의 문제이다.

소송계속은 특정한 소송물에 관하여만 성립되지만, 예외적으로 민사소송법 제216조 제2항에서 상계항변의 판단에 기판력을 인정하기 때문에 중복제소의 문제가 발생한다.

Ⅱ. 학 설

1. 소극설(중복소송이라는 견해)

상계항변은 민사소송법 제216조 제2항에서 기판력을 인정하므로 일종의 중간확인의 반소라고 할 수 있으며, 하나의 채권에 대해 이중으로 재판을 받는 것이 되어 심판의 중복과 판결의 모순·저촉이 발생할 가능성이 있으므로 중복제소에 해당한다.

2. 적극설(중복소송이 아니라는 견해)

상계의 항변은 그 자체가 소송물이 아니라 일종의 방어방법에 불과하다. 또한 예비적 상계항변의 경우, 심리가 늦어져 빨리 자동채권을 확정할 필요가 있는 때에 별소를 인정하지 않으면 피고의 방어의 자유를 실질상 해치게 되므로 중복제소에 해당하지 않는다.

3. 위 학설의 검토

상계항변은 방어방법일 뿐이고 소송물이 아니므로 중복제소에 해당한다는 소극설은 이론상 문제점이 있다. 반면 적극설도 소송경제나 재판의 통일이라는 측면에서는 문제점이 발생한다.

따라서 적극설에 의하되, 소송경제를 기하고 재판의 모순·저촉을 피하기 위하여 이미 계속 중인 소송에서 상계항변으로 제공된 자동채권에 대해서는 별소 청구를 금지하고, 반소의 제기를 요구하는 것이 타당하다고 본다. 다만, 강제반소를 인정하지 않는 우리 법제에서는 처분권주의 원칙상 이론적 문제가 있지만, 석명권 등의 행사를 통해 실

무상 운영의 묘를 살리면 충분히 가능하다고 본다.[24]

Ⅲ. 판 례

상계의 항변을 제출할 당시 이미 자동채권과 동일한 채권을 근거로 한 소송을 별도로 제기하여 소송계속 중인 경우, 사실심의 담당재판부로서는 전소와 후소를 같은 기회에 심리·판단하기 위하여 이부, 이송 또는 변론병합 등을 시도함으로써 기판력의 저촉·모순을 방지함과 아울러 소송경제를 도모함이 바람직하다. 하지만, 그렇다고 하여 특별한 사정이 없는 한 별소로 계속 중인 채권을 자동채권으로 한 소송상 상계의 주장이 허용되지 않는다고 볼 수는 없다.[25]

Ⅳ. 사안의 해결

상계의 항변은 소송물도 아니고 일종의 방어방법에 불과하다. 따라서 별소를 인정하지 않으면, 피고의 방어를 실질상 해치게 된다는 점에서 중복제소에 해당하지 않는다고 본다.

다만, 재판의 모순·저촉을 피하기 위해 자동채권을 별도의 소로 제기하는 것보다는 석명권 행사로 반소로 유도하는 방안이 타당하다고 본다.

---

24) 입법론으로 독일 민사소송법 제148조와 같이 별소 제기시 어느 한쪽의 변론을 중지할 수 있는 규정을 두면 해결할 수 있다는 견해도 있다.
25) 대판 2001.4.27, 2000다4050.

V

변론

甲은 2017.9.1. 乙을 상대로 2억 원 대여금반환청구의 소를 제기하였다. 이 소송에서 乙은 甲의 대여 주장사실만 부인하고, 다른 주장을 하지는 않았다. 한편 법원은 甲이 증거방법으로 제출한 차용증에 관한 서증절차를 통하여 이미 위 대여금채권의 소멸시효 기간이 경과하였음을 알았다.

이 경우 법원이 위 대여사실을 인정할 경우 〈청구인용 또는 청구기각판결〉 가운데 어떠한 판결을 하여야 하는가?[1]

답안 구성

---

[1] 사법시험 제44회(2002)와 유사.

I. 사안의 쟁점

乙이 주장하지 않은 대여금채권의 소멸시효사실에 대하여 甲이 제출한 증거방법인 차용증에 의해 인정할 수 있는지의 문제이다. 즉, 甲이 제출한 증거를 乙의 증거자료로 이용할 수 있다면(증거공통의 원칙), 사실의 주장책임과 관련하여 甲이 제출한 차용증을 토대로 소멸시효사실의 주장책임을 다한 것으로 볼 수 있는지가 쟁점이다(소송자료와 증거자료의 구별). 위 사례는 변론주의가 적용되는지, 적용된다면 소멸시효완성사실의 주장책임은 누구인지가 문제된다.

또한 이에 대하여 소위 간접적 주장으로 인정할 수 있는지가 문제된다.

II. 변론주의와 증명책임

1. 변론주의의 의의

변론주의란 소송자료의 수집과 제출책임이 당사자에게 있다는 원칙이다. 구체적으로는 (i) 사실의 주장책임, (ii) 자백의 구속력, (iii) 신청에 의한 증거조사를 그 내용으로 한다. 다시 말하면, 심리의 대원칙으로 소송자료의 수집책임은 당사자에게 맡기는 것을 말하며, 법원은 당사자가 제출한 소송자료만을 근거로 하여 판결하여야 한다. 이를 통해 예상 외의 판결을 방지할 수 있다.

2. 주요사실의 주장책임

1) 주장책임은 당사자가 주요사실을 주장하지 아니하면 판결의 기초로 삼을 수 없으며, 이로 인해 당사자가 받게 되는 불이익이다.

2) 주장책임의 대상이 되는 것은 주요사실이다. 주요사실은 권리의 발생 · 변경 · 소멸이라는 법률효과에 해당되는 사실이다.[2] 그리고 간접사실과 보조사실은 주장책임의 원칙이 적용되지 않는다. 간접사실과 보조사실은 주요사실을 확정하는 데 증거와 같은 기능을 하고 있으므로, 이에 주장책임이 적용되면 법관의 자유심증주의가 침해되기 때

---

2) 최근 학설은 법규의 추상적인 구성요건에 해당하는 사실을 요건사실, 요건사실에 해당하는 구체적인 사실을 주요사실이라 부른다. 하지만 판례는 이를 구별하지 않는다.

문이다(제202조).

주요사실과 간접사실은 법규의 구성요건을 기준으로 나눈다(법규기준설).

3) 위 사례에서 소멸시효가 완성되었다는 사실은 甲의 대여금반환청구권을 소멸하게 하는 법규범의 요건사실에 해당하는 주요사실이다. 따라서 甲이 주장하지 않는 한 판결의 기초로 삼을 수 없다.

3. 소송자료와 증거자료의 구별

1) 소송자료와 증거자료는 구별된다. 따라서 당사자는 증거조사과정에서 나타난 자료를 변론에서 주장하지 않는 한, 법원은 판결의 기초로 삼을 수 없다.

변론절차에서 당사자가 주장한 주요사실에 대하여 다툼이 있으면, 당사자가 신청한 증거방법에 따라 증거조사절차를 거쳐 확정한다. 하지만 증거조사절차는 사실확정의 부수적 절차에 불과하므로 여기서 새로 나타난 사실을 그대로 판결의 기초로 삼을 수는 없다.

2) 간접적 주장

위 사례의 경우, 소멸시효가 완성되었다는 사실은 법원이 증거조사절차를 통해 알게 된 사실에 불과하다. 그러나 소송자료와 증거자료의 구별을 엄격하게 하면 구체적 타당성이 훼손될 가능성이 있다. 그리하여 변론에서 당사자가 주요사실을 직접적으로 주장하지 않아도 증거자료를 통해 주요사실의 주장이 있다고 본다. 즉, 소송자료와 증거자료의 구별의 완화를 통해 간접적 주장을 인정하자는 것이다.

(1) 학 설

① 긍정설의 논거는 다음과 같다.

첫째, 변론주의의 엄격한 적용으로 인한 부당한 결과를 시정한다.

둘째, 당사자가 예상하지 못한 부당한 재판을 막기 위해서는 법원은 반드시 석명권을 행사하여 당사자들이 주장하게 한 후, 이를 명시적으로 주장하면 판결의 기초로 삼을 수 있다.

② 부정설은 논거는 다음과 같다.

첫째, 심판범위가 불명확하다.

둘째, 법원의 심리부담이 가중된다.

셋째, 상대방 당사자의 방어권 침해가 우려된다.

다만, 이러한 부당한 결과의 시정을 위한 석명권의 행사로 직접적 주장을 유도하면 된다고 한다.

(2) 판 례

첫째, 주요사실에 대한 주장은 당사자가 이를 직접적으로 명백히 한 경우뿐만 아니라 당사자의 변론을 전체적으로 관찰하여 그 주장을 한 것으로 볼 수 있는 경우에도 주요사실의 주장이 있다고 본다.[3]

둘째, 서증을 제출하고 그 입증취지를 진술하여 서증기재사실을 주장하거나 그 밖에 당사자의 변론을 전체적으로 관찰하여 간접적으로 주장한 것으로 볼 수 있는 경우에도 주요사실의 주장이 있는 것으로 보아야 한다.[4]

셋째, 증인신청으로서 그 대리행위에 관한 간접적인 진술[5]을 인정하고 있다.

이러한 판례를 통해, 간접적 주장을 인정하고 있다고 볼 수 있다.

(3) 학설과 판례의 검토

판례는 소송자료와 증거자료의 구별을 다소 완화하고 있다. 하지만, 원칙적으로 간접적 주장은 변론주의의 원칙을 위배되므로 허용해서는 안 된다. 이보다는 오히려 법원은 민사소송법 제136조의 석명권을 적절히 활용하여 직접적 주장으로 유도하는 편이 타당하다고 본다. 또한 이러한 간접적 주장은 민사소송규칙 제28조의 쟁점확인과 진술기회 제공의 변론방식과도 맞지 않는다고 본다.

---

3) 주요사실에 대한 주장은 당사자가 이를 직접적으로 명백히 한 경우뿐만 아니라 당사자의 변론을 전체적으로 관찰하여 그 주장을 한 것으로 볼 수 있는 경우에도 주요사실의 주장이 있다고 보아야 한다. 또한 청구원인에 관한 주장이 불분명한 경우에 그 주장이 무엇인지에 관하여 석명을 구하면서 이에 대하여 가정적으로 항변한 경우에도 주요사실에 대한 주장이 있다고 볼 수 있다. 이러한 경우 항변이 있다고 볼 수 있는지는 당사자들이 진술한 내용이나 취지뿐만 아니라 상대방이 당사자의 진술을 어떻게 이해하였는지도 함께 고려해서 합리적으로 판단하여야 한다(대판 2017.9.12, 2017다865).

4) 법률상의 요건사실에 해당하는 주요사실에 대하여 당사자가 주장하지도 아니한 사실을 인정하여 판단하는 것은 변론주의에 위배된다고 할 것이나, 당사자의 주요사실에 대한 주장은 직접적으로 명백히 한 경우뿐만 아니라 당사자가 법원에 서증을 제출하며 그 입증취지를 진술함으로써 서증에 기재된 사실을 주장하거나 그 밖에 당사자의 변론을 전체적으로 관찰하여 간접적으로 주장한 것으로 볼 수 있는 경우에도 주요사실의 주장이 있는 것으로 보아야 할 것이다(대판 2006.6.30, 2005다21531; 대판 2006.2.24, 2002다62432; 대판 2002.11.8, 2002다38361, 38378).

5) 원고는 소장 및 준비서면에서 원고가 소외인을 통하여 피고등에게 금원을 대여하였다고 주장하고 있으나, 원고는 소외인을 증인으로 신청하여 소외인이 원고와 피고등 사이의 금전거래를 중개하였음을 입증하고 있다면, 비록 원고가 그 변론에서 소외인이 피고등을 대리하여 원고로부터 금원을 차용한 것이라고 진술한 흔적이 없다 하더라도 그 증인신청으로서 그 대리행위에 관한 간접적인 진술은 있었다고 보아야 할 것이므로, 법원이 소외인이 피고등을 대리하여 원고로부터 금원을 차용한 것으로 판단하였다고 하여 이를 변론주의에 반하는 처사라고 비난할 수 없다(대판 1994.10.11, 94다24626).

위 사례의 경우, 어느 학설에 따르더라도 법원이 단순히 증거방법인 차용증을 통해서 소멸시효의 완성사실을 알았다하더라도 이에 대한 양 당사자의 주장이 없으므로 이를 근거로 판결의 기초로 삼을 수는 없다.

Ⅳ. 사안의 해결

위 사례에서 乙이 甲의 주장사실을 부인하므로, 대여사실에 대한 증명책임은 원고 甲에게 있다. 한편 소멸시효 완성사실은 당사자가 주장한 바가 없으므로, 법원은 이를 판결의 기초로 삼을 수 없다. 그러므로 법원은 청구인용판결을 내려야 한다.

한편 간접적 주장이 있다고 볼 만한 사정도 없으므로 이에 대한 고려도 할 필요가 없다.

참조판례 소송자료와 증거자료의 구별

규제구역 내의 토지를 매매함에 있어서 사전에 거래허가를 받지 않은 경우 그 매매계약의 효력은 처음부터 그 허가를 배제하거나 잠탈하려 하였던 경우와 허가받을 것을 전제로 한 경우 사이에 커다란 차이가 있고, 따라서 당사자가 자신이 체결한 계약이 어느 경우에 해당하는지에 대한 주장사실은 법률상의 요건사실인 주요사실에 해당한다고 할 것이므로, 법원은 이에 대한 당사자의 주장사실에 구속되어 그와 다른 사실을 인정하거나 이를 기초로 판단할 수는 없다(대판 2000.4.7, 99다68812).

서울 강동구에 거주하고 있는 甲은 2004.2.15. 춘천시에 살고 있는 친구 乙에게 2억 원을 변제기 2005.2.15.로 정하여 대여하였다. 甲은 위 변제기가 지난 2005.7.10. 乙에게 위 대여금의 반환을 독촉하였으나, 乙은 아무런 응답이 없었다.

甲은 소를 제기하는 것을 망설이다가 2015.7.13.에 이르러서야 서울중앙지방법원에 乙을 상대로 2억 원의 지급을 구하는 대여금반환청구의 소를 제기하였다. 乙은 2015.8.13.에 열린 위 소송의 변론기일에 출석하여 甲이 최종적으로 위 대여금의 변제를 요구한 2005.7.10.을 기산일로 하여 10년의 위 대여금채무의 소멸시효가 완성되었다고 항변하였다.

(1) 법원은 위 사안을 심리한 후, 甲의 乙에 대한 위 대여금채권은 변제기인 2005.2.15.을 기산일로 하여 10년의 소멸시효가 완성되었으므로 결국 甲의 위 대여금채무는 소멸시효완성으로 인하여 소멸되었다고 판단하면서, 甲의 청구를 기각하였다. 위와 같은 법원의 판단은 타당한가?[6]

(2) 위 소송 중 법원은 乙에게 대여금채권의 소멸시효기간이 경과하였음을 알려 줄 수 있는가?

답안 구성

---

6) 변호사시험 제6회(2017), 15점. 단어 또는 문맥을 일부 수정함.

▌사례 풀이 1 ▐

I. 결론

법원의 판단은 타당하지 않다.

II. 논거

1. 사안의 쟁점

당사자가 주장한 소멸시효의 기산점과 다른 기산점을 적용하여 법원이 소멸시효가 완성되었다고 판단한 것은 변론주의 위반에 해당하는지 여부가 위 사안의 쟁점이다.

2. 주요사실에 대한 당사자의 주장책임

주장책임이란 권리발생사실 또는 항변사실인 요건사실을 당사자가 변론에서 진술해야 하며, 법원은 이를 판단의 근거로 삼아야 한다는 것을 말한다. 즉, 당사자가 변론에서 주장하지 않은 사실로 인해 불이익을 받는 것을 주장책임이라고 하며, 만약 이를 판결의 기초로 삼으면 변론주의 위반이 된다.

주장책임의 적용범위는 주요사실에만 적용되며, 간접사실이나 보조사실에는 적용되지 않는다. 후자를 적용·배제하는 이유는 법관의 자유심증을 제약하기 때문이다.

3. 소멸시효의 기산일 – 변론주의의 적용대상

판례에 의하면, 소멸시효의 기산일은 소멸시효기간 계산의 시발점이고, 소멸시효 항변의 법률요건을 구성하는 구체적인 주요사실에 해당하므로 이는 변론주의의 적용대상이다. 그러므로 본래의 소멸시효 기산일과 당사자가 주장하는 기산일이 서로 다른 경우, 변론주의의 원칙상 법원은 당사자가 주장하는 기산일을 기준으로 소멸시효를 계산하여야 한다.

이는 당사자가 본래의 기산일보다 뒤의 날짜를 기산일로 하여 주장하는 경우는 물론이고, 특별한 사정이 없는 한 그 반대의 경우에 있어서도 마찬가지이다.[7]

---

7) 대판 2017.10.26., 2017다20111 등.

4. 법원의 청구기각 판결은 법리오해의 위법

피고 乙이 주장하는 기산일이 아닌 다른 기산일을 적용하여 소멸시효가 완성되었다고 판단한 사안의 판결은 변론주의를 위반한 것으로서 위법하다.

◤사례 풀이 2◥

I. 사안의 쟁점

변론주의가 적용되는 주요사실인 소멸시효 완성사실을 법원이 당사자에게 알려 줄수 있는지가 문제된다. 즉, 석명권을 행사할 수 있는지의 문제이다(제136조). 법원이 적극적 석명할 수 있는지가 쟁점이다.

II. 석명권의 의의

석명권이란 소송관계를 분명하게 하기 위하여 당사자에게 질문하고 증명을 촉구하는 법원의 권능을 말한다(제136조).

석명권에는 소극적 석명과 적극적 석명이 있다. 전자는 당사자의 신청이나 주장의 불분명, 불완전, 모순 있는 점을 제거하는 방향으로 석명권을 행사하는 것을 가리키며, 이러한 의미의 석명은 특별한 제한이 없다. 이에 반해 후자의 경우, 석명권의 행사에 의하여 새로운 신청, 주장, 공격방어방법의 제출을 권유하는 것을 의미하므로 변론주의원칙에 위반될 가능성이 있다.

III. 적극적 석명의 허용 여부

1. 예컨대 건물철거청구를 건물인도청구로 바꾸라는 것은 청구취지를 변경하라는 내용의 석명으로서 적극적 석명에 해당한다. 새로운 주장을 이끌어 내는 이러한 석명은 원칙적으로 허용될 수 없다. 다만, 변론주의에 위배될 가능성이 없는 경우에는 적극적 석명을 허용하여도 무방하다.

위 사안에서 소멸시효가 완성되었다는 사실에 관하여는 법원은 석명권을 행사할 수도 없고, 할 의무도 없다.

2. 석명의무의 문제

석명권은 법원의 권능으로서 그 행사 여부는 법원의 자유재량에 속한다고 보는 견해
가 있을 수 있지만, 석명권의 불행사가 객관적 자의라고 할 정도라면 석명의무에 위반
되었다고 보아야 할 것이다.

Ⅳ. 사안의 해결

1. 변론주의의 보완책으로 민사소송법은 석명권을 규정하고 있다(제136조). 소멸시
효완성의 사실에 대하여 법원이 석명권을 행사하여야 하는지가 문제된다.

2. 그러나 석명권은 변론주의의 범위 내에서만 허용되는 것이다(소극적 석명). 따라서
소멸시효가 완성되었다는 사실에 관하여 법원은 석명권을 행사할 수도 없고, 할 의무
도 없다.

> **참조판례** 소멸시효 기산일 – 변론주의 적용대상
>
> 소멸시효의 기산일은 소멸시효 주장 내지 항변의 법률요건을 구성하는 구체적인 사실에 해
> 당하여 변론주의가 적용되므로 법원은 당사자가 주장하는 기산일과 다른 날짜를 소멸시효
> 의 기산일로 삼을 수 없다(대판 2017.10.26, 2017다20111).

甲은 2018년 3월 1일 乙에 대하여 이미 변제기를 도래한 2억 원의 대여금채권을 갖고 있고, 또한 乙은 丙에 대하여 2억 원의 매매대금의 채권을 갖고 있다. 乙은 이 채권 이외에는 아무런 재산이 없다.

甲은 乙을 대위하여 丙을 피고로 乙의 丙에 대한 매매대금채권의 지급을 구하는 소를 제기하였다. 위 소송 중 소송기록을 통해 법원은 甲의 乙에 대한 채권이 시효소멸된 것을 알았지만, 丙은 이를 변론과정에서 주장하지 않고 위 채권의 존재가 인정되면서 심리가 종결되었다. 법원은 (1) 甲의 청구에 대해 〈부적법각하, 청구기각, 청구인용〉 및 (2) 사안에서 제시된 쟁점을 토대로 결론에 이르게 된 논거를 서술하시오.

답안 구성

『사례 풀이』

Ⅰ. 문제의 제기

피보전채권의 존재 자체가 소송요건인지 본안요건인가 문제된다.

전자라고 한다면 그 채권의 소멸시효사실은 직권조사사항이고, 후자라고 한다면 법률요건사실이다.

Ⅱ. 소송요건과 법률요건사실

변론주의란 소송자료의 제출책임은 당사자가 지고, 법원은 당사자가 변론에서 제출한 사실의 주장과 증거만을 재판의 기초로 삼아야 한다는 것이다.

그러므로 원고적격자는 권리발생사실의 주장과 이에 대한 입증을 해야 하며, 피고적격자는 본안 전 항변이나 본안의 항변을 해야 한다. 당사자적격의 흠결, 중복제소 및 기판력의 항변 등 본안 전 항변의 경우는 직권조사사항이므로 법원의 직권발동을 촉구하는 의미밖에 없다. 본안의 항변사실은 권리발생사실에 대한 반대사실인 권리장애사실, 권리소멸사실(권리멸각사실), 권리저지사실이 있다. 항변사실은 변론주의의 지배를 받는다. 즉, 소송자료의 제출책임은 당사자에게 있다.

이에 반해 직권조사사항이란 당사자의 이의에 관계없이 법원이 반드시 직권으로 조사하여 판단하여야 할 사항을 말한다. 그 존부 자체에 대해 인낙, 재판상 자백이나 자백간주의 대상이 될 수 없다.

한편 '피보전채권의 존재'는 청구원인사실이고, 또한 주요사실으로 본다면 원고가 변론에서 주장하고 이를 입증해야 한다.

피보전채권의 존재는 변론주의에 지배받는다고 한다면, 문제는 그 반대사실은 누가 주장하고 입증해야 하는가이다. 원칙적으로 채무자가 해야 하지만, 공동소송이 아닌 경우에는 피고가 채무자가 아니고 제3채무자이다.

Ⅲ. 부적법 각하판결을 하는 경우

'피보전채권의 존재'를 소송요건으로 본다면, 법원이 그 존재와 입증을 직권으로 조사해야 한다. 즉, 법원에 현출된 모든 소송자료를 토대로 피보전채권의 존부에 관하여 의심이 되면 직권으로 추가적인 심리·조사도 할 수 있다. 그러므로 소송기록상 피보전채권의 소멸시효가 완성된 것을 안 이상, 법원은 부적법 각하해야 한다.

IV. 청구인용판결을 하는 경우

1. 소송기록상 소멸시효가 완성된 것을 피고가 주장하지 않았으므로 변론주의 원칙상 원고의 청구를 그대로 인정하여야 한다. 따라서 원고의 청구를 그대로 인용하는 청구인용판결을 내려야 한다.

2. 한편 피대위채권에 대하여 제3채무자가 채무자에게 주장할 수 있는 모든 항변사실은 직접 채권자에 주장할 수 있다고 하는 것이 통설이다.

이에 반해 피보전채권에 대한 채무자의 채권자에 대한 모든 항변사실을 제3채무자가 채권자에게 주장할 수 있는지가 문제이다. 판례는 채무자의 소멸시효 항변 등으로 피보전채권이 소멸된 경우를 피고인 제3채무자가 원용할 수 없다고 한다. 이와 같은 판례이론에 의하면 소멸시효가 완성되더라도 피고인 제3채무자는 소멸시효 항변을 주장할 수 없다.

3. 하지만, 이론적으로 볼 때 피보전채권에 대한 채무자의 소멸시효 항변은 주요사실이고, 이는 변론주의 원칙상 주장 및 입증이 필요하다. 채무자는 당연히 자신이 항변할 수 있지만, 채무자가 행한 소멸시효의 항변을 제3채무자가 원용할 수 있느냐 내지 직접 할 수 있느냐는 적어도 이론적으로는 청구원인사실의 반대사실인 권리소멸사실이므로 제3채무자도 직접 항변할 수 있다고 보아야 한다.[8]

V. 사안의 해결

첫째, 피보전채권의 존재는 소송요건으로 본다면 법원은 부적법 각하해야 한다.

둘째, 피보전채권의 존재를 주요사실 중의 하나로 본다면 이의 부존재는 채권자대위권의 부존재로 연결되므로 청구기각판결을 해야 한다. 하지만 피보전채권의 소멸시효 주장을 피고가 하지 않았으므로 법원은 청구인용판결을 내려야 한다.

---

8) 이 부분은 이론적으로 확정된 내용이 아니므로 논란이 될 수 있는 서술이다. 시험답안의 내용에는 언급하지 않아도 무방하다고 본다.

참조판례 제3채무자의 피대위채권에 대한 소멸시효 원용 여부

1. 채권자대위소송에서 대위에 의하여 보전될 채권자의 채무자에 대한 권리(피보전채권)가 존재하는지 여부는 소송요건으로서 법원의 직권조사사항이므로, 법원으로서는 그 판단의 기초자료인 사실과 증거를 직권으로 탐지할 의무까지는 없다 하더라도, 법원에 현출된 모든 소송자료를 통하여 살펴보아 피보전채권의 존부에 관하여 의심할 만한 사정이 발견되면 직권으로 추가적인 심리 · 조사를 통하여 그 존재 여부를 확인하여야 할 의무가 있다 (대판 2009.4.23, 2009다3234).

2. 채권자가 채권자대위권을 행사하여 제3자에 대하여 하는 청구에 있어서, 제3채무자는 채무자가 채권자에 대하여 가지는 항변으로 대항할 수 없으며, 채권의 소멸시효가 완성된 경우 이를 원용할 수 있는 자는 원칙적으로는 시효이익을 직접 받는 자뿐이고, 채권자대위소송의 제3채무자는 이를 행사할 수 없다. 위 법리에 비추어 보면, 원고의 소외 1 등에 대한 가등기 및 소유권이전등기 말소청구권의 소멸시효가 완성되었을 뿐만 아니라 위 가등기로 담보된 채무의 변제기로부터 10년이 경과하기도 하여 원고로서는 더 이상 소외 1 등에 대하여 위 각 등기의 말소를 청구할 수 없음을 이유로 위 권리를 보전할 목적으로 소외 1 등을 대위하여 제기된 이 사건 소는 부적법하다는 피고의 주장에 대하여, 원심이 비록 그 이유 구성은 달리하지만 위 주장을 배척한 결론은 옳고, 거기에 판결의 결론에 영향을 미친 법리오해 등의 위법이 없다(대판 2009.9.10, 2009다34160; 대판 2004.2.12, 2001다10151; 대판 1997.7.22, 97다5749).

甲 소유의 X토지에 관하여 乙이 등기서류를 위조하여 乙 명의로 소유권이전등기를 마쳤다. 이에 甲은 乙을 상대로 甲의 소유권에 기한 방해배제청구로서 乙 명의의 소유권이전등기에 대한 말소등기절차의 이행을 구하는 소(이하 '이 사건 소'라 한다)를 제기하였다.

1. 이 사건 소 제기 전에 乙이 이미 사망하였는데, 이를 알지 못한 甲은 乙을 상대로 소를 제기하였다.
   (1) 이 사건 소 제기 후 甲은 피고를 乙의 상속인 H로 바꿀 수 있는지와 그 근거를 설명하시오.
   (2) 법원은 乙이 이 사건 소 제기 전에 사망한 사실을 모르고 소송을 진행하였는데 乙이 재판에 출석하지 않자 자백간주로 원고 승소판결을 선고하였다. 이에 대하여 乙의 상속인 H가 항소를 제기한 경우 항소심 법원은 어떠한 판단을 하여야 하는지와 그 근거를 설명하시오.
2. 甲이 소송대리인을 선임하지 않은 채 이 사건 소송계속 중 사망하였다.
   (1) 甲의 사망으로 발생하는 소송법적 효과와 이에 대하여 甲의 상속인 O가 소송상 취할 수 있는 조치에 대하여 설명하시오.
   (2) 법원은 甲이 이 사건 소송계속 중 사망한 사실을 모르고 소송을 진행하여 원고 패소판결을 선고하였다. 이에 대하여 甲의 상속인 O는 소송상 어떠한 조치를 취할 수 있는지와 그 근거를 설명하시오.
3. 甲의 乙에 대한 이 사건 소송계속 중 乙은 丙에게 X토지를 매도하고 丙 명의로 소유권이전등기를 마쳐주었다. 甲이 위 소송절차 내에서 丙을 당사자로 추가할 수 있는지와 그 근거를 설명하시오.[9]
4. 만약 위 소송에서 피고 乙이 소송계속 중 상속인으로 처와 아들 1명을 남기고 사망하였으나, 법원이 이를 알지 못한 채 피고를 乙로 표시한 판결을 선고하였고, 그 판결문이 소송대리인 D1에게 송달되었다면 위 판결의 효력이 상속인들에게 미치는지 여부와 상소기간이 진행되는지 여부를 각 논거와 함께 서술하시오.[10]
5. 乙이 위 소송 도중에 사망하였으나, 변호사 A가 乙이 소송대리하고 있었기 때문에 소송이 중단되지는 않았다. 그런데 乙의 유일한 상속인인 B가 미처 소송수계를 신청하지 않은 상태에서 변론이 종결되고 제1심 판결이 선고되었다. 위 판결선고 이후 B가 소송수계신청을 하지 않은 상태에서 변호사 A에게 판결정본이 송달된 경우 위 판결이 확정되는지 여부 및 그 근거를 각 경우의 수로 나누어 서술하시오.[11]

---

9) 1, 2, 3번은 변호사시험 제5회(2016), 15점, 15점, 15점.
10) 변호사시험 제2회(2013), 20점.
11) 변호사시험 제3회(2014), 10점.

답안 구성

『사례 풀이 1-(1)』

Ⅰ. 사안의 쟁점

소 제기 전에 당사자가 사망하면 당사자능력이 없는 자를 상대로 한 소송이므로 부적법 각하해야 한다. 또는 2 당사자 대립주의의 위반이므로 부적법 각하해야 한다.

그러나 이와 같이 되면 원고에게 불이익하므로 상속인으로 당사자표시정정 또는 피고의 경정이 가능한지가 문제이다.

Ⅱ. 당사자확정의 기준

1. 학 설

① 원고나 법원이 당사자로 삼으려는 사람이 당사자가 된다는 의사설, ② 소송상 당사자로 취급되거나 또는 당사자로 행동하는 사람이 당사자라는 행위설, ③ 소장에 나타난 당사자의 표시를 비롯하여 청구원인 등 전 취지를 기준으로 하여 객관적으로 당사자를 확정하여야 한다는 표시설 등이 대립되고 있다.

2. 판 례

판례는 "당사자는 소장에 기재된 표시 및 청구의 내용과 원인사실을 종합하여 확정하여야 한다."라는 표시설의 입장이다.[12] 다만, 이미 사망한 당사자를 사망한 사실을 모르고 피고로 표시하여 소를 제기한 경우에는 사실상의 피고를 사망자의 상속인으로 보아야 한다는 의사설의 입장이다.[13]

3. 사 견

객관적·획일적 기준에 의하여 당사자를 확정하는 표시설이 타당하다. 다만, 이미

---

12) 당사자는 소장에 기재된 표시 및 청구의 내용과 원인사실을 종합하여 확정하여야 하는 것이며, 당사자표시변경은 당사자로 표시된 자의 동일성이 인정되는 범위 내에서 그 표시만을 변경하는 경우에 한하여 허용된다(대판 1996.3.22, 94다61243).

13) 재심원고가 재심대상판결 확정 후에 이미 사망한 당사자를 그 사망사실을 모르고 재심피고로 표시하여 재심의 소를 제기하였을 경우에 사실상의 재심피고는 사망자의 상속인이고 다만 그 표시를 그릇한 것에 불과하다고 해석함이 타당하므로 사망자를 재심피고로 하였다가 그 후 그 상속인들로 당사자 표시를 정정하는 소송수계 신청은 적법하다(대판 1983.12.27, 82다146). 같은 취지로 대결 2006.7.4, 2005마425; 대판 2009.10.15, 2009다49964.

사망한 당사자를 피고로 표시하여 소를 제기한 경우에는 당사자의 의사를 고려해야 하므로 판례의 입장인 의사설이 타당하다. 그러므로 소 제기 전에 당사자가 사망한 경우, 의사설에 따르면 위 사례의 피고는 소장에 표시된 乙이 아니라 乙의 상속인인 H가 된다.

III. 당사자표시정정

소 제기 전에 피고가 사망한 것을 소송계속 중에 비로소 알았다면 상속인 H로 표시정정이 가능한지가 문제된다.

위 사례의 경우 표시설에 의하면, 소송당사자는 甲과 乙이다. 따라서 사망자를 상대로 한 소송이므로 부적법 각하판결해야 한다. 이에 반해 의사설에 의하면, 당사자는 甲과 H이므로 상속인으로 표시정정이 가능하다.

판례는 표시설이지만, 사망한 줄 모르고 제소한 경우 상속인으로 당사자표시정정을 허용하고 있다. 설혹 수계신청한 경우라 하더라도 표시정정으로 간주하고 있다.[14] 그리고 제소시를 소송중단의 시기로 본다.

IV. 피고의 경정 여부

피고를 잘못 지정한 것이 분명한 때, 제1심 변론종결시까지 원고의 신청에 의해 피고를 경정할 수 있고(제260조), 종전 피고에 대해서는 소가 취하된 것으로 본다. 즉, 피고의 동일성이 바뀌며, 경정서 제출시에 소가 제기된 것으로 본다(제265조).

위 사례의 경우, 상속인 H로 피고의 경정은 할 수 있으나, 시효중단의 시기가 경정신청서 제출시로 되므로 표시정정하는 것보다 원고는 불리하다.

V. 사안의 해결

甲은 피고를 당사자표시정정의 방법으로 乙에서 상속인 H로 바꿀 수 있다. 또한 피고의 경정으로도 할 수 있다.

다만, 원칙적으로 상속인에게 소송수계는 인정되지 않는다. 다만 최근 판례에서는 소송대리인이 있는 경우에 제1심은 물론, 제2심에서도 소송수계가 가능하다고 한다.[15]

---

14) 대판 1983.12.27, 82다146.
15) 대판 2016.4.29, 2014다210449.

사례 풀이 1-(2)

Ⅰ. 사안의 쟁점

원칙적으로 이미 사망한 사람을 당사자로 한 판결은 당사자능력이 없는 자에 대한 판결이므로 당연무효이다. 당연무효의 판결에 대한 항소를 제기할 수 있는지가 문제된다.

Ⅱ. 제소전 사망을 간과한 판결의 효력

피고가 사망한 줄 모르고 판결이 난 경우, 당사자능력이 없는 자에 대한 판결이므로 당연무효이다. 기판력 자체가 없으므로 상속인 H에게는 판결의 효력이 미치지 않는다.

따라서 상소[16] 또는 재심[17]의 대상이 아니다. 그리하여 상소심에서 상속인의 수계신청, 즉 표시정정신청도 허용되지 않는다.[18] 그리고 상소와 동시에 한 수계신청도 허용되지 않는다.[19]

다만 판례는 상소 자체는 부적법하나, 예외적으로 사망자를 당사자로 한 처분금지가처분은 무효라도 그 외관제거를 위한 이의신청은 할 수 있다고 한다.[20]

위 사안처럼 당사자표시정정이 이루어지지 않은 상태에서 법원이 이를 간과한 판결은 상속인에게 효력이 없는 당연무효의 판결이다.

---

16) 당사자가 소 제기 이전에 이미 사망하여 주민등록이 말소된 사실을 간과한 채 본안 판단에 나아간 원심 판결은 당연무효라 할 것이나, 민사소송이 당사자의 대립을 그 본질적 형태로 하는 것임에 비추어 사망한 자를 상대로 한 상고는 허용될 수 없다 할 것이므로, 이미 사망한 자를 상대방으로 하여 제기한 상고는 부적법하다(대판 2000.10.27, 2000다33775).

17) 원래 재심의 소는 종국판결의 확정력을 제거함을 그 목적으로 하는 것으로 확정된 판결에 대하여서만 제기할 수 있는 것이므로 소송수계 또는 당사자표시정정 등 절차를 밟지 아니하고 사망한 사람을 당사자로 하여 선고된 판결은 당연무효로서 확정력이 없어 이에 대한 재심의 소는 부적법하다(대판 1994.12.9, 94다16564).

18) 사망자를 피고로 하는 소 제기는 원고와 피고의 대립당사자 구조를 요구하는 민사소송법상의 기본원칙이 무시된 부적법한 것으로서 실질적 소송관계가 이루어질 수 없으므로, 그와 같은 상태에서 제1심 판결이 선고되었다 할지라도 판결은 당연무효이며, 판결에 대한 사망인 피고의 상속인들에 의한 항소나 소송수계신청은 부적법하다. 이러한 법리는 소 제기 후 소장부본이 송달되기 전에 피고가 사망한 경우에도 마찬가지로 적용된다(대판 2015.1.29, 2014다34041).

19) 소 제기 전에 이미 사망한 자를 당사자로 한 제1심 판결은 당연무효이며, 망인의 재산상속인이 수계신청과 동시에 항소를 한 경우에는 수계신청을 할 수 없어 수계신청과 동시에 한 항소도 부적법하므로 이를 각하한 것은 정당하다(대판 1971.2.9, 69다1741).

20) 대판 2002.4.26, 2000다30578.

147

Ⅲ. 당연무효의 판결에 대한 항소 여부

상소는 원심판결에 대한 불복신청이 허용되는 경우에만 할 수 있다. 즉, 상소의 대상 적격이 있어야 한다.

따라서 당연무효의 판결은 상소의 대상적격이 없다.[21] 상소의 대상적격이 없는 판 결에 대한 상소는 상소요건을 흠결한 것이므로, 법원은 상소를 각하하여야 한다.

Ⅳ. 사안의 해결

제소전 사망을 간과한 판결은 당연무효이고, 당연무효의 판결은 항소의 대상이 될 수 없다. 乙의 상속인 H가 제기한 항소는 각하판결을 하여야 한다.

▛ 사례 풀이 2-(1) ▜

Ⅰ. 사안의 쟁점

원고 甲은 소송계속 중 소송대리인을 선임하지 않은 채 사망하였다. 이 경우 소송절 차가 중단되는지, 그리고 상속인 O가 수계신청을 할 수 있는지 여부가 문제된다.

Ⅱ. 소송계속 중 당사자 사망의 소송법적 효과

1. 소송절차의 중단

소송계속 중에 당사자가 사망한 경우에는 소송절차가 중단되며(제233조 제1항), 원고 또는 피고가 사망하더라도 동일하다. 다만, 사망한 당사자에게 소송대리인이 선임된 경우라면 소송절차는 중단되지 않는다(제238조).

위 사례에서는 甲이 소송대리인을 선임하지 않은 채 소송계속 중 사망하였으므로 이 사건 소송절차는 甲의 사망으로 인하여 중단된다.

---

21) 대판 2000.10.27, 2007다33775; 대판 2015.1.29, 2014다34041 참조.

2. 상속인 O의 당연승계 인정가능성

1) 학 설

(1) 당사자가 사망하면 당사자의 지위가 상속인에게 당연승계되어 상속인이 새로운 당사자가 되며 수계신청은 단지 확인적 의미만 있을 뿐이라는 당연승계 긍정설과,

(2) 민사소송법상 형식적 당사자 개념을 취하고 있는 이상 실체법상 권리·의무의 포괄적 이전으로 당사자가 당연히 변경되는 것은 아니고, 상속인이 상속을 포기할 수도 있으므로 당연승계는 실체법과도 부합하지 않는다는 점 등을 고려하면 상속인 등이 수계절차를 밟아 당사자로 표시되어야 당사자가 변경된다는 당연승계 부정설이 대립된다.

2) 판 례

판례는 "소송도중 어느 일방의 당사자가 사망함으로 인해서 당사자로서의 자격을 상실하게 된 때에는 대립당사자구조가 없어져 버린 것이 아니고, 그때부터 소송은 그의 지위를 당연히 이어 받게 되는 상속인들과의 관계에서 대립당사자구조를 형성하여 존재한다."라고 판시하여 당연승계 긍정설의 입장이다.[22]

3) 위 사안의 경우

소송계속 중 당사자가 사망한 경우, 소송절차가 중단된다. 甲의 소송상 지위는 상속인 O에게 당연히 승계된다.

Ⅲ. 甲의 상속인 O가 소송상 취할 수 있는 조치

1. 수계신청권자

수계신청은 당사자가 중단된 소송절차의 속행을 구하는 신청이다.

---

[22] 소송계속 중 어느 일방 당사자의 사망에 의한 소송절차 중단을 간과하고 변론이 종결되어 판결이 선고된 경우에는 그 판결은 소송에 관여할 수 있는 적법한 수계인의 권한을 배제한 결과가 되는 절차상 위법은 있지만 그 판결이 당연무효라 할 수는 없고, 다만 그 판결은 대리인에 의하여 적법하게 대리되지 않았던 경우와 마찬가지로 보아 대리권 흠결을 이유로 상소 또는 재심에 의하여 그 취소를 구할 수 있을 뿐이므로, 판결이 선고된 후 적법한 상속인들이 수계신청을 하여 판결을 송달받아 상고하거나 또는 사실상 송달을 받아 상고장을 제출하고 상고심에서 수계절차를 밟은 경우에도 그 수계와 상고는 적법한 것이라고 보아야 하고, 그 상고를 판결이 없는 상태에서 이루어진 상고로 보아 부적법한 것이라고 각하해야 할 것은 아니다(대판(전) 1995.5.23, 94다28444).

수계신청권자는 중단사유가 있는 당사자 측의 신수행자뿐만 아니라 상대방 당사자도 할 수 있다(제241조). 당사자가 사망한 경우에 수계신청권자는 상속인·상속재산관리인, 그 밖에 법률에 의하여 소송을 계속하여 수행할 사람이 된다(제233조 제1항 후단).

2. 수계신청법원

수계신청은 중단 당시 소송이 계속된 법원에 하여야 한다. 또한 수계신청은 신수행자가 수계의 의사를 명시하여 서면 또는 말로 할 수 있다(제161조).

3. 수계신청절차

수계신청인지의 여부는 실질적으로 판단하여야 하므로 기일지정신청 또는 당사자표시정정신청도 경우에 따라 수계신청으로 해석할 수도 있다.[23] 수계신청이 있으면 법원은 상대방에게 이를 통지하여야 한다(제242조). 상대방에 대한 관계에서는 통지시에 중단이 해소된다.

수계신청기간에는 제한이 없다. 그러나 사망의 경우에 상속인은 상속포기기간인 상속개시 있음을 안 날로부터 3월 또는 그 연장된 기간(민법 제1019조 제1항) 내에는 수계신청을 하지 못한다(제233조 제2항). 상속포기기간 중에 한 소송수계신청을 받아들여 소송절차를 진행한 흠이 있다고 하더라도 그 후 상속포기 없이 위의 기간을 경과한 때에는 그 전까지의 소송행위에 관한 하자는 치유된다.[24]

Ⅳ. 사안의 해결

甲의 사망으로 인하여 소송절차는 중단이 되고, 甲의 소송상 지위는 당연히 상속인인 O에게 승계된다. 따라서 상속인 O는 중단된 법원에 대하여 수계신청을 할 수 있다.

---

23) 대판 1980.10.14, 80다623.
24) 상속포기기간 중에 한 소송수계신청을 받아들여 소송절차를 진행한 하자가 있다고 하더라도 그 후 상속의 포기 없이 상속개시 있음을 안 날로부터 3월을 경과한 때에는, 그 전까지의 소송행위에 관한 하자는 치유된다(대판 1995.6.16, 95다5905, 5912).

I. 사안의 쟁점

甲의 사망을 간과한 1심 판결의 효력이 당연무효가 아니라 위법한 것인지가 문제되고, 이에 따라 상속인 O가 상소를 제기할 수 있는지가 문제된다. 그리고 원심법원이 아닌 항소심법원에 수계신청을 할 수 있는지가 문제된다.

II. 당사자의 사망을 간과한 판결의 효력

1. 학 설

소송도중 당사자 사망으로 당사자의 지위가 당연승계되는 것은 아니므로 당사자의 사망으로 인하여 대립당사자구조가 소멸되었다는 점은 제소전 사망과 차이가 없게 되어 당사자의 사망을 간과한 판결은 무효라는 무효설과 당사자가 사망한 경우에는 당사자의 지위가 당연승계되므로 대립당사자구조가 유지되고 단지 수계절차가 없었다는 절차상 하자만 있을 뿐이라는 위법설이 대립된다.

2. 판 례

판례는 "소송계속 중 당사자의 사망에 의한 소송절차 중단을 간과하고 변론이 종결되어 판결이 선고된 경우에는 그 판결은 소송에 관여할 수 있는 적법한 수계인의 권한을 배제한 결과가 되는 절차상 위법은 있지만 당연무효라 할 수는 없고, 대리인에 의하여 적법하게 대리되지 않았던 경우와 마찬가지로 보아 대리권 흠결을 이유로 상소 또는 재심에 의하여 취소를 구할 수 있다."라고 판시하여 위법설의 입장이다.[25]

3. 사 견

당사자의 사망으로 소송상 지위는 상속인에게 당연승계가 되어 대립당사자구조가 유지되므로, 당사자의 사망을 간과한 판결을 당연무효라고 보기는 어렵다. 따라서 위법설이 타당하고, 이 경우는 대리권 흠결과 유사하므로 상속인은 대리권 흠결을 이유로 판결의 확정 전에는 상소(제424조 제1항 제4호), 판결의 확정 후에는 재심(제451조 제1

---

25) 대판(전) 1995.5.23, 94다28444.

항 제3호)으로 위 판결의 취소를 구할 수 있다.

Ⅲ. 항소법원에의 수계신청의 가능성

1. 학 설

민사소송법 제243조 제2항에서 종국재판을 한 법원에서 수계신청을 할 수 있다는 점과 상소장의 원심법원 제출주의를 채택하고 있는 점(제397조 및 제425조)을 근거로 절차가 중단된 원심법원에만 수계신청을 하여야 한다는 원심법원설과 당사자 편의를 위하여 원심법원 또는 상소심법원 어느 곳에나 수계신청을 할 수 있다는 선택설이 대립된다.

2. 판 례

판례는 적법한 상속인들이 수계신청을 하여 판결을 송달받아 상고하거나 또는 사실상 송달을 받아 상고장을 제출하고 상고심에서 수계절차를 밟은 경우에도 수계와 상고는 적법한 것이라고 보아야 한다는 선택설의 입장이다.[26]

3. 위 사례의 경우

당사자 사망을 간과한 판결의 효력이 무효가 아닌 이상 원심법원에만 수계신청을 할 수 있다는 것은 당사자 불편을 가중하고 소송 지연을 초래한다는 점에서 선택설이 타당하다. 따라서 상속인 O는 항소법원에 수계신청을 할 수 있으므로 항소를 제기한 이후 항소법원에 상속인으로의 수계신청을 하면 된다.

Ⅳ. 사안의 해결

甲의 상속인 O는 甲의 사망을 간과한 1심 판결에 대하여 항소를 제기한 후 항소심법원에 원고를 상속인 O로 하는 소송수계 신청을 할 수 있다.

---

26) 대판(전) 1995.5.23, 94다28444.

『사례 풀이 3』

Ⅰ. 사안의 쟁점

甲이 丙에 대하여 인수승계신청을 할 수 있는지가 문제된다. 따라서 인수승계의 요건을 검토하고, 소유권에 근거한 말소등기청구소송의 소송계속 중에 계쟁 토지에 대하여 소유권이전등기를 마친 자가 피고적격을 승계하는지를 검토한다.

Ⅱ. 인수승계 여부

1. 인수승계의 의의

인수승계란 소송계속 중 소송의 목적인 권리·의무의 전부나 일부의 승계가 있는 경우에 종전당사자의 인수승계신청에 의하여 승계인인 제3자를 새로운 당사자로 끌어 들이는 것을 말한다(제82조).

2. 인수승계의 요건

1) 타인 간의 소송이 계속 중일 것

인수승계의 신청은 사실심 변론종결 전에 한하며, 상고심에서 허용되지 않는다.[27] 사실심 변론종결 후의 승계인에 대하여는 민사소송법 제218조에 의하여 판결의 효력이 미치므로 소송승계를 인정할 실익이 없기 때문이다.

2) 소송의 목적인 권리·의무의 승계가 있을 것

소송물인 권리관계 자체가 제3자에게 양도된 경우뿐만 아니라 계쟁물이 양도된 경우도 포함된다. 그리고 계쟁물의 양도는 종전당사자가 당사자적격을 잃고 신당사자가 당사자적격을 취득하는 당사자적격의 이전이므로, 소송계속 중의 소송승계인은 변론을 종결한 뒤의 승계인(제218조)에 준하여 취급하여야 한다.

따라서 ① 구실체법설은 채권적 청구권에 기한 소송 중 계쟁물을 양수한 자는 승계인에 포함되지 않고, 물권적 청구권에 기한 소송 중 계쟁물을 양수한 자는 승계인에 포함된다고 본다. ② 소송법설은 소송물인 권리관계가 물권적 청구권인지 채권적 청구권인지를 구별하지 않고 점유 또는 등기의 승계인은 모두 승계인에 포함된다고 본다.

---

27) 법률심인 상고심에서 승계인의 소송참가는 허용되지 아니한다(대판 2002.12.10, 2002다48399).

3) 인수승계의 원인

인수승계는 소송의 목적인 채무 자체를 제3자가 승계한 때, 즉 피고적격자가 신당사자로 이전되어 교환적 인수가 이루어지는 경우에 허용된다. 그러나 추가적 인수에 대해서 판례는 적격승계설의 입장에서 "소송당사자가 제3자로 하여금 그 소송을 인수하게 하기 위하여서는 그 제3자에 대하여 인수한 소송의 목적된 채무이행을 구하는 경우에만 허용되고 그 소송의 목적된 채무와는 전혀 별개의 채무의 이행을 구하기 위한 경우에는 허용될 수 없다."[28]라고 판시하여 부정한다.

소송승계제도를 확대함으로써 파생된 분쟁까지 소송에 끌고 들어오게 되면 심리의 복잡화를 초래하므로, 추가적 승계까지 인정하는 것은 타당하지 않다. 따라서 판례의 입장인 적격승계설이 타당하다.

3. 말소등기청구소송의 피고적격자

일반적인 이행의 소에서 당사자적격은 자기에게 이행청구권이 있음을 주장하는 자가 원고적격을 가지며, 그로부터 이행의무자로 주장된 자가 피고적격을 갖는다. 그러나 말소등기청구소송에서는 등기의무자가 피고적격자가 된다. 한편 등기의무자는 "등기가 행하여짐으로써 실체적 권리관계에 있어서 권리의 상실 기타의 불이익을 받는 자라는 것이 등기부상 형식적으로 표시되는 자(등기명의인이거나 그 포괄승계인)" 또는 "등기형식상 등기될 사항에 의하여 직접적으로 권리를 잃거나 부담을 받게 되는 자"이다.

위 사안에서 丙은 X토지에 대한 소유권이전등기를 마쳤으므로 현재 소유명의자이다. 따라서 소유권에 기한 말소등기청구소송의 등기의무자이므로 피고적격자가 된다.

Ⅲ. 사안의 해결

인수승계는 소송목적인 권리·의무관계 자체 내지 권리·의무관계에 관한 당사자적격을 제3자가 승계한 경우에 허용된다. 한편 丙은 소송계속 중에 계쟁물에 대하여 소유권이전등기를 마쳤기 때문에 말소등기청구소송에서의 피고적격을 승계한 자가 된다. 따라서 甲은 인수승계를 신청하여 丙을 당사자로 추가할 수 있다.

---

28) 소송당사자가 제3자로 하여금 그 소송을 인수하게 하기 위하여서는 그 제3자에 대하여 인수한 소송의 목적된 채무이행을 구하는 경우에만 허용된다(대결 1971.7.6, 71다726).

『사례 풀이 4 ¬

I. 판결의 효력이 상속인들에게 미치는지 여부

1. 소송절차의 중단 여부

소송대리인이 있는 경우에는 소송계속 중 당사자가 사망하더라도 소송대리권은 존속하므로(제95조 제1호) 소송절차는 중단되지 않는다(제238조). 그러므로 제1심 판결도 선고할 수 있다.29)30)

2. 판결의 효력 여부

소송대리인은 수계절차가 없어도 신당사자의 소송대리인이 되며, 판결의 효력도 신당사자에게 미친다.31) 물론 상속인은 수계절차를 신청할 수도 있다.32) 만일 구당사자 이름으로 판결을 받아도 소송수계인으로 판결경정이 가능하다.

3. 사안의 해결

위 사안처럼 피고 乙이 소송대리인으로 D1을 선임하여 소송을 수행하던 중 상속인

---

29) 민사소송법 제95조 제1호, 제238조에 따라 소송대리인이 있는 경우에는 당사자가 사망하더라도 소송절차가 중단되지 않고 소송대리인의 소송대리권도 소멸하지 않으며, 이때 망인의 소송대리인은 당사자 지위의 당연승계로 인하여 상속인에게서 새로이 수권을 받을 필요 없이 법률상 당연히 상속인의 소송대리인으로 취급되어 상속인들 모두를 위하여 소송을 수행하게 되는 것이고, 당사자가 사망하였으나 그를 위한 소송대리인이 있어 소송절차가 중단되지 않는 경우에 비록 상속인으로 당사자의 표시를 정정하지 아니한 채 망인을 그대로 당사자로 표시하여 판결하였다고 하더라도 그 판결의 효력은 망인의 소송상 지위를 당연승계한 상속인들 모두에게 미친다(대판 2011.4.28, 2010다103048).
30) 판결확정시에는 승계집행문이 부여된다(대결 1998.5.30, 98그7결정).
31) 당사자가 사망하였으나 소송대리인이 있어 소송절차가 중단되지 아니한 경우 원칙적으로 소송수계라는 문제가 발생하지 아니하고 소송대리인은 상속인들 전원을 위하여 소송을 수행하게 되는 것이며 그 사건의 판결은 상속인들 전원에 대하여 효력이 있다 할 것이고, 이때 상속인이 밝혀진 경우에는 상속인을 소송승계인으로 하여 신당사자로 표시할 것이지만 상속인이 누구인지 모를 때에는 망인을 그대로 당사자로 표시하여도 무방하며, 가령 신당사자를 잘못표시하였다 하더라도 그 표시가 망인의 상속인, 상속승계인, 소송수계인 등 망인의 상속인임을 나타내는 문구로 되어 있으면 잘못표시된 당사자에 대하여는 판결의 효력이 미치지 아니하고 여전히 정당한 상속인에 대하여 판결의 효력이 미친다(대결 1992.11.5, 91마342).
32) 구민사소송법 제216조, 동법 제211조 제1항(현행 제238조, 제233조 제1항)은 당사자가 사망하더라도 소송대리인이 있어 소송절차가 중단되지 않은 경우에는 상속인은 소송절차를 수계하지도 못한다는 뜻으로 풀이될 수는 없다(대판 1972.10.31, 72다1271, 1272).

을 남기고 사망한 경우, 소송절차는 중단되지 않고 乙을 피고로 표시하여 선고된 판결의 효력도 상속인 처와 아들에게 미친다.

Ⅱ. 상소기간의 진행 여부

1. 상소의 특별수권이 없는 경우

통설과 판례는 상대방이 제기한 상소에 응소하는 행위도 특별수권사항으로 보아 소송대리권은 당해 심급에 한한다는 심급대리의 원칙을 인정하고 있다.

위 사례처럼 제1심의 판결정본이 소송대리인 D1에게 송달되면 소송대리권은 소멸한다. 이때부터 소송절차는 중단되어 판결이 확정되지 않는다. 그러므로 상속인 처와 아들의 소송수계신청이 있어야만 소송이 재개된다.

2. 상소의 특별수권이 있는 경우

소송대리인 D1에게 상소의 특별수권이 있다면, 제1심 판결정본의 송달로 절차가 중단되지 않고, 상소기간은 진행한다(제396조). 만일 상소제기 없이 상소기간이 지나면 판결은 확정된다.

그러나 소송대리인 D1 또는 상속인 처와 아들 또는 상대방 당사자에 의해 적법하게 상소가 제기되면 그 판결은 확정되지 않는다.

▗ 사례 풀이 5 ▝

Ⅰ. 사안의 쟁점

피고가 소송계속 중 사망한 경우, 당사자의 지위는 상속인에게 당연승계가 된다. 그리고 소송대리인이 있는 경우 제1심 판결정본 송달로 판결이 확정되는지는 상소에 대한 특별수권의 유무에 따라 그 결론이 달라진다.

Ⅱ. 소송대리인이 있는 경우 소송절차의 중단 여부

1. 소송절차의 중단 여부

위 사안처럼 소송물의 승계가 가능한 소송에서 소송계속 중 당사자 일방이 사망한 경우[33], 당사자 지위는 상속인에게 당연승계가 된다. 판례도 당연승계를 인정한다.[34]

그리고 당사자가 소송대리인이 없이 사망한 경우 소송절차의 중단사유가 되나(제233조), 소송대리인이 있다면 소송절차가 중단되지 않는다(제238조).

2. 소송대리인의 지위

소송계속 중 당사자가 사망하더라도 소송대리권은 소멸되지 않고(제95조 제1호), 또한 소송대리인은 수계절차를 밟지 않아도 새로운 당사자의 소송대리인이 된다. 이는 상속인 등에 의한 소송절차 수계를 필요로 하지 않는다는 의미일 뿐이고, 상속인이 소송수계신청을 하는 것은 가능하다.[35]

따라서 원고의 지위는 상속인 B로 승계되고, 변호사 A는 B의 소송대리인이 된다.

Ⅲ. 심급대리 원칙과의 관계

현행법에서 상소의 제기는 특별수권사항이므로(제90조 제2항 제3호), 심급대리 원칙을 인정하고 있다.[36] 판례도 제1심 판결정본 송달 후 변호사의 대리권이 문제된 사건에서, "위임받은 소송대리권의 범위는 특별한 사정이 없는 한 당해 심급에 한정된다."고

---

33) 승계가 불가능한 소송에서는 소송종료선언을 해야 한다.
34) 소송계속 중 어느 일방 당사자의 사망에 의한 소송절차 중단을 간과하고 변론이 종결되어 판결이 선고된 경우에는 그 판결은 소송에 관여할 수 있는 적법한 수계인의 권한을 배제한 결과가 되는 절차상 위법은 있지만 그 판결이 당연무효라 할 수는 없고, 다만 그 판결은 대리인에 의하여 적법하게 대리되지 않았던 경우와 마찬가지로 보아 대리권흠결을 이유로 상소 또는 재심에 의하여 그 취소를 구할 수 있을 뿐이므로, 판결이 선고된 후 적법한 상속인들이 수계신청을 하여 판결을 송달받아 상고하거나 또는 사실상 송달을 받아 상고장을 제출하고 상고심에서 수계절차를 밟은 경우에도 그 수계와 상고는 적법한 것이라고 보아야 하고, 그 상고를 판결이 없는 상태에서 이루어진 상고로 보아 부적법한 것이라고 각하해야 할 것은 아니다(대판(전) 1995.5.23, 94다28444).
35) 대판 1972.10.31, 72다1271, 1272; 대판 2008.4.10, 2007다28598.
36) 심급대리에 대한 학설은 다음과 같다. 첫째, 민사소송법 제90조 제2항에는 상소의 제기라고 되어있으나, 해석상 상대방의 상소에 응소하는 것도 특별수권사항으로 보아 소송대리인의 대리권은 특정한 심급이 끝나면 더 이상 상급심에서는 미치지 않는다는 학설과, 둘째, 제90조 제2항의 반대해석상 상대방의 상소에 응소하는 행위는 통상의 대리권에 포함되는 것으로 볼 수 있고, 따라서 심급종료로 대리권이 소멸하지 않는다는 부정설이 있다.

하여 심급대리의 원칙을 인정하고 있다.[37]

1. 상소의 특별수권이 없는 경우

통설과 판례는 상대방이 제기한 상소에 응소하는 행위도 특별수권사항으로 보아 소송대리권은 당해 심급에 한한다는 심급대리의 원칙을 인정하고 있다. 따라서 위 사례처럼 제1심의 판결정본이 당사자에게 송달되면 소송대리인의 대리권은 소멸되고, 소송절차는 중단되어 판결은 확정되지 않는다. 그러므로 상속인 B의 소송수계신청이 있어야만 소송이 재개된다.

2. 상소의 특별수권이 있는 경우

소송대리인 A에게 상소의 특별수권이 있다면, 제1심 판결정본의 송달로 절차가 중단되지 않고, 상소기간은 진행한다. 따라서 상소제기 없이 2주의 상소기간이 지나면 판결은 확정된다.

그러나 소송대리인 A, 상속인 B 또는 상대방 당사자에 의해 적법하게 상소가 제기되면 그 판결은 확정되지 않는다.

Ⅳ. 사안의 해결

첫째, 소송대리인 A에게 상소의 특별수권이 없다면, 제1심 판결정본의 송달로 절차가 중단되고, 따라서 판결은 확정되지 않는다.

둘째, 소송대리인 A에게 상소의 특별수권이 있다면, 제1심 판결정본의 송달로 절차가 중단되지 않고, 상소기간은 진행한다. 따라서 판결정본 송달 후 2주 내에 상소를 제기하지 않으면 판결은 확정된다.

---

37) 대판 1994.3.8, 93다52105.

甲은 2015.4.17.에 乙과 경기도 연천군 소재 중중토지 매매계약을 체결하면서 묘지 전부를 잔금기일까지 이장하기로 약속하였으나, 시간적으로나 중중분묘라는 특수적 상황이라 도저히 불가능하였다. 이에 甲은 소유권이전등기청구의 소를 제기하는 한편, 예비적으로 묘지 1기당 300만 원씩 손해배상청구를 하였다.

제1심에서 乙은 불공정한 계약이라고 무효를 주장하였으나, 피고의 궁박, 경솔 또는 무경험을 이용하여 이루어졌다는 점을 인정하기 부족하고 달리 이를 인정할 증거가 없다는 이유로 피고의 주장을 배척하고, 원고의 청구를 모두 인용하였다. 그러자 乙은 2016.3.17. 항소이유서에 위 매매계약은 종중의 재산처분에 관하여 종중총회 등 적법한 절차를 거치지 않은 것으로서 무효라는 주장을 추가하면서 항소하였다. 항소심은 이 사건을 바로 조정에 회부하였으나, 조정이 성립하지 않았고 2016.11.24. 제1차 변론기일을 열어 피고가 항소장과 2016.3.17.자 항소이유서를 진술하자 피고의 이 주장은 실기한 공격·방어방법으로서 각하한다는 결정을 고지하고 실기한 방어방법이라고 각하하였다. 이러한 항소심의 판단은 타당한가?

답안 구성

「사례 풀이」

I. 결 론

乙이 항소심에서 종중총회 등 적법한 절차를 거치지 않은 것이라는 무효의 주장은 실기한 공격·방어방법에 해당하지 않는다.

II. 논 거

1. 사안의 쟁점

종중총회 등 적법한 절차를 거치지 않은 것이라는 무효의 주장을 항소심에서 처음으로 주장한 경우, 실기한 방어방법에 해당하는지가 쟁점이다.

2. 의 의

실기한 공격·방어방법이란 당사자가 고의 또는 중대한 과실로 소송의 정도에 따른 적절한 시기를 넘겨 뒤늦게 제출하여 소송의 완결을 지연시키는 공격 또는 방어의 방법을 말하며, 법원은 직권으로 또는 상대방의 신청에 따라 결정으로 이를 각하할 수 있다(제149조 제1항).

3. 요 건

다음의 요건을 충족한 경우, 법원은 직권 또는 당사자의 신청에 따라 이를 심리하지 아니하고 각하할 수 있다.

1) 공격·방어방법을 뒤늦게 제출하는 경우일 것

적절한 시기를 넘겨 뒤늦게 제출하였는지 여부에 대한 판단은 새로운 공격·방어방법이 구체적인 소송의 진행 정도에 비추어 당사자가 과거에 제출을 기대할 수 있었던 객관적 사정이 있었는데도 이를 하지 않은 것인지, 상대방과 법원에 새로운 공격·방어방법을 제출하지 않을 것이라는 신뢰를 부여하였는지 여부 등을 고려해야 한다. 또한 항소심에서 새로운 공격·방어방법이 제출된 경우에는 특별한 사정이 없는 한 항소심뿐만 아니라 제1심까지 통틀어 시기에 늦었는지 여부를 판단해야 한다.

2) 당사자에게 고의 또는 중과실이 있을 것

당사자에게 고의 또는 중대한 과실이 있는지 여부에 대한 판단은 당사자의 법률지식과 함께 새로운 공격·방어방법의 종류, 내용과 법률구성의 난이도, 기존의 공격·방어방법과의 관계, 소송의 진행경과 등을 종합적으로 고려해야 한다.

3) 이를 심리하면 각하할 때보다 소송의 완결이 지연될 것

4. 사안에의 적용

첫째, 종중회의가 없었음이 사실로 인정될 경우, 이 사건 매매계약이 무효가 될 수도 있는 방어방법에 해당한다.

둘째, 피고 乙은 본인소송으로 항소하면서 바로 항소이유서에 종중회의가 없었음을 주장하였다. 이는 뒤늦게 방어방법을 제출한 것이라 볼 수 없고, 고의나 중과실로도 볼 수 없다.

셋째, 항소심 제1차 변론기일 이전에 주장한 것이므로 항소심에서 추가로 오랜 심리기간이 필요한 것이라고 단정할 수 없다.

그러므로 실기한 방어방법으로 볼 수 없다.

실기한 공격·방어방법의 각하

1. 민사소송법 제149조에 정한 실기한 공격·방어방법이란 당사자가 고의 또는 중대한 과실로 소송의 정도에 따른 적절한 시기를 넘겨 뒤늦게 제출하여 소송의 완결을 지연시키는 공격 또는 방어의 방법을 말한다. 여기에서 적절한 시기를 넘겨 뒤늦게 제출하였는지 여부를 판단함에는 새로운 공격·방어방법이 구체적인 소송의 진행정도에 비추어 당사자가 과거에 제출을 기대할 수 있었던 객관적 사정이 있었는데도 이를 하지 않은 것인지, 상대방과 법원에 새로운 공격·방어방법을 제출하지 않을 것이라는 신뢰를 부여하였는지 여부 등을 고려해야 한다. 항소심에서 새로운 공격·방어방법이 제출된 경우에는 특별한 사정이 없는 한 항소심뿐만 아니라 제1심까지 통틀어 시기에 늦었는지 여부를 판단해야 한다. 나아가 당사자의 고의 또는 중대한 과실이 있는지 여부를 판단함에는 당사자의 법률지식과 함께 새로운 공격·방어방법의 종류, 내용과 법률구성의 난이도, 기존의 공격·방어방법과의 관계, 소송의 진행경과 등을 종합적으로 고려해야 한다.

2. 원심판결 이유와 기록에 의하여 인정되는 다음과 같은 사정에 비추어 보면, 피고의 이 사건 주장이 실기한 공격·방어방법에 해당한다거나 이 사건 주장을 적절한 시기에 제출하지 않은 데 고의 또는 중대한 과실이 있다고 단정하기 어렵다. (1) 피고는 본인소송으로 이 사건 소송을 진행하였는데, 제1심 판결이 선고되자 항소하면서 바로 항소이유서에서 이 사건 주장을 하였다. (2) 이 사건 주장은 사실로 인정될 경우 이 사건 매매계약이 무효로 될 수도 있는 공격·방어방법에 해당한다. 약 6개월 정도에 걸쳐 진행된 제1심에서 피고가 이 사건 주장을 하지는 않았지만 원심 제1차 변론기일 이전에 이미 이 사건 주장을 한 것이기 때문에 원심이 이를 심리하기 위하여 추가로 오랜 심리기간이 필요할 것이라고 단정할 수 없다(대판 2017.5.17, 2017다1097).

甲은 2018.3.1. 乙에게 서울 광진구 능동로 소재 건물을 10억 원에 팔고, 2018.4.1. 현재 잔금 1억 원만 남았다(다음 문항은 각각 별개의 사안임).

(1) 甲은 2018.6.1. 乙을 상대로 소를 제기하면서, 잔금 미지급을 이유로 위 매매계약을 해제한다고 주장한 후, 소를 취하하였다. 그 후 甲은 다시 잔금 1억 원을 청구할 수 있는가?

(2) 甲은 乙을 상대로 매매대금 잔금 1억 원의 지급을 청구하는 소를 제기하였다. 한편 변론기일에서 乙은 甲에게 갖고 있는 5천만 원의 대여금채권을 자동채권으로 하여 甲의 소구채권(수동채권)과 대등액으로 상계한다고 항변하였다. 그 후 위 사건은 조정에 회부되어, 甲과 乙 사이에 "① 乙은 甲에게 5천만 원을 지급한다. ② 甲은 나머지 청구를 포기한다."는 내용의 조정이 성립되었다. 조정에 따라 乙은 甲에게 5천만 원을 지급하였다. 그 후 乙은 甲을 상대로 상계항변에 제공된 5천만 원의 대여금반환청구의 소를 제기하였다. 이에 甲은 "乙의 대여금채권은 전소에서 상계의 의사표시로 소멸하였다."고 항변하였다. 이 경우 법원의 판단은?

답안 구성

I. 사안의 쟁점

사례 (1)은 소송에서 형성권인 해제권을 행사한 후 소를 취하한 경우, 매매계약이 해제되는지가 문제이고,

사례 (2)는 자동채권을 상계항변을 한 후 조정이 성립되었고, 그 조정조서에 수동채권인 매매대금채권의 존부에 대해 법원의 실질적 판단이 이루어지지 않은 경우, 자동채권인 대여금채권이 소멸하는지가 쟁점이다.

II. 학 설

1. 사법행위설은 외견상 1개의 행위이지만, 상대방에 대한 사법상 형성권의 의사표시(사법행위)와 그러한 의사표시가 있었다는 법원에 대한 사실상 진술(소송행위) 2개의 행위가 병존한다. 따라서 사법행위와 소송행위의 각각 요건과 효과는 실체법과 민사소송법에 의해 규율되므로 양 행위 사이에는 서로 의존관계가 없다. 따라서 소는 취하되거나 각하되더라도 실체법상 효과는 유효하다.[38]

2. 소송행위설은 소송상 공격 · 방어방법으로 행사한 것이므로 순수한 소송행위의 하나이고, 그 요건과 효과는 오로지 민사소송법에 의해 규율된다. 따라서 소송상 형성권 행사는 사법상의 효력은 없고, 소가 취하 또는 각하되면 이미 발생하였던 소송상 효과만 소멸한다. 그리고 사법상의 효과는 판결로서 인정된 경우에만 발생한다.

3. 양성설은 소송상 형성권 행사는 외견상으로 하나의 행위임에 그치지 않고 실제로도 하나의 행위이지만, 사법행위와 소송행위의 성격을 공유하고 있다. 즉, 실체법상 효과와 소송법상 효과가 서로 의존관계에 있으므로 어느 일방의 무효는 다른 일방의 무효를 가져 오게 한다. 그리하여 소송상 형성권 행사가 조서에 기재되지 아니하거나 소가 취하 또는 각하되는 경우에는 사법행위로서의 효력도 발생하지 아니한다.

4. 신병존설은 기본적으로는 병존설의 입장이지만(해제권 등을 행사한 경우 실기하여 각하된 경우라도 실체법상 효과는 유효), 상계권의 경우 그 권리를 행사하였으나 소 취하 또는 실기한 방어방법의 각하 등으로 법원의 판단을 받지 못하였다면, 실체법상 효과는 발생하지 않는다.

---

38) 그리하여 (양행위) 병존설이라고도 한다.

Ⅲ. 판 례

실체법상 형성권의 행사에 대하여, 판례는 甲은 乙로부터 토지를 매수하였으나, 전소에서 乙의 잔금수령 거절을 이유로 계약금 2배를 청구하는 소를 제기한 후 소를 취하하였다. 그 후 후소에서 위 토지매매을 원인으로 한 소유권이전등기청구의 소를 제기하였다. 이에 판례는 甲은 전소 제기로써 묵시적으로 매매계약 해제권을 행사하였고, 그 후에 그 소송을 취하한 경우 해제권은 형성권이므로 그 행사의 효력에는 아무런 영향을 없다. 따라서 후소로써 매매계약이 해제되지 아니하였음을 전제로 한 소유권이전등기청구는 제기할 수 없다고 하여 사법행위설에 따르고 있다.[39]

그리고 소송상 방어방법으로서의 상계항변은 통상 수동채권의 존재가 확정되는 것을 전제로 하여 행하여지는 일종의 예비적 항변으로서 소송상 상계의 의사표시에 의해 확정적으로 효과가 발생하는 것이 아니라 당해 소송에서 수동채권의 존재 등 상계에 관한 법원의 실질적 판단이 이루어지는 경우에 비로소 실체법상 상계의 효과가 발생한다.[40]

또한 민사소송에서 상계항변이 예비적 항변임에 비추어 조정으로 사건이 끝난 경우에 조정조서에 상계내용이 없으면 상계의 사법상의 효과는 발생하지 않으므로 채권은 소멸되지 않는다[41]라는 신병존설의 입장이다.

Ⅳ. 학설과 판례의 검토

1. 사법행위설(병존설)은 일반적으로 불합리한 결과가 생기지 않지만, 소의 취하와 각하의 경우에는 소송상 행사된 형성권의 사법상 효과가 그대로 남는다는 이론적 난점이 있다. 예컨대 피고가 소송상 상계항변을 하였지만, 법원이 실기한 방어방법이라고 이를 각하하면 피고로서는 원고가 청구한 소구채권(수동채권)을 지급해야 하고, 자기의 반대채권(자동채권)은 상계에 의하여 이미 소멸되었으므로 원고에게 청구할 수 없게 되는 불합리한 결과가 생긴다.

2. 이러한 불합리한 결과를 피하고자 양성설과 소송행위설이 나왔지만 민법의 규정(민법 제493조 제1항)과 맞지 않아 이론구성에 난점이 있다.

먼저, 양성설은 실체법과 소송법을 분리한 현행법체계와는 맞지 않는 이론적 모순점

---

39) 대판 1982.5.11, 80다916.
40) 대판 2014.6.12, 2013다95964.
41) 대판 2013.3.28, 2011다3329.

이 있다.

소송행위설도 상계항변이 상계의 사법상 효과를 발생시키지 않는다면 왜 피고에게 유리한 재판자료가 되는지를 설명할 수 없고, 상계권는 실체법상의 권리인데 그 요건과 효과가 소송법에 따라야 하는지도 의문이다. 또한 법원이 피고의 상계항변을 받아들여 청구기각한 경우에만 상계의 사법상 효과가 발생하는데, 그렇다면 위 청구기각판결은 일종의 형성판결로 보아야 한다. 그러나 이것은 형성판결의 일반원칙에 반한다.

3. 그러므로 사법행위설의 실제적 난점과 소송행위설의 이론적 난점을 아울러 극복할 수 있는 신병존설이 타당하다. 이것은 당사자의 의사를 합리적으로 해석하면 소송상의 상계권행사가 공격·방어방법으로서 법원의 판단을 받는 것을 정지조건으로 하고 있는 것으로 풀이되기 때문이다. 다만, 이렇게 풀이하는 경우 상계의 의사표시에는 조건을 붙이지 못한다는 민법 제493조 제1항 후문이 문제되지만, 소송 중에 행하여지므로 그에 대한 예외라고 보면 된다.42)

V. 사례의 해결

1. 사례 (1)은 사법행위설에 의하면, 해제권의 행사로 매매계약은 정당하게 해제되었으므로 甲은 다시 청구할 수 없다.

2. 사례 (2)는 전소에서 조정이 성립됨으로써 乙의 상계의사표시에 관한 소구채권(수동채권: 매매대금채권)의 존부에 대해 법원의 실질적 판단이 이루어지지 않았으므로, 반대채권(자동채권)인 乙의 대여금채권은 소멸하지 않았다. 그러므로 법원은 5,000만원 청구인용판결을 내려야 한다.

---

42) 병존설의 단점은 상계항변이 실기각하된 경우이지만, 민사소송법 제149조의 실기각하규정이 거의 활용되고 있지 않은 점에서 본다면 병존설 또는 신병존설의 논쟁실익은 그리 크지 않다고 본다.

보충해설 해제권 등 형성권의 소송상 행사

	사법행위설(병존설)	소송행위설	양성설	신병존설
학설	외견상 1개의 행위. 사법상 형성권의 의사표시(사법행위)와 그러한 의사표시를 법원에 사실상 진술(소송행위) 2개의 행위가 병존. 양자는 서로 의존관계가 없다. 따라서 소의 취하되거나 각하되더라도 실체법상 효과는 유효하다.⁴³⁾	순수한 소송행위의 하나이고, 그 요건과 효과는 민사소송법에 의해서만 규율. 소송상 형성권행사는 사법상의 효력은 없다. 소가 취하 또는 각하되면 이미 발생하였던 소송상 효과만 소멸한다. 그리고 사법상의 효과는 판결로서 인정된 경우에만 발생한다.	실제로는 1개의 행위. 사법행위와 소송행위의 성격을 공유. 양 행위의 효과는 서로 의존관계에 있다. 소가 취하 또는 각하되는 경우에는 사법행위로서의 효력도 발생하지 아니한다.	기본적으로는 병존설의 입장이지만,⁴⁴⁾ 상계권의 경우는 그 권리를 행사하였으나 소 취하 또는 실기한 방어방법의 각하 등으로 법원의 판단을 받지 못한 경우에는 실체법상 효과는 발생하지 않는다.
사례1	전소에서 甲은 乙의 계약불이행으로 인한 계약해제권을 행사한 후, 소를 취하하였다. 그리고 후소에서 甲은 乙을 상대로 동일한 계약에 근거로 한 이행청구의 소를 다시 제기할 수 있는가?⁴⁵⁾			
	사법상 효과는 인정되어 계약이 해제. 즉, 후소에서 계약이행청구를 할 수 없다.	소 취하로 이미 발생하였던 사법상 효과가 소멸(해제권 행사가 없었던 것이 된다).	소 취하로 인해 애당초 사법상 효과가 불발생(해제권 행사가 없었던 것이 된다).	사법상 효과로 인해 계약이 해제.
	판례) 해제권 등 형성권 행사 후 소의 취하: 甲은 乙로부터 토지를 매수하였으나, 전소에서 乙의 잔금수령 거절을 이유로 계약금 2배를 청구하는 소를 제기한 후 소를 취하하였다. 그 후 후소에서 위 토지매매를 원인으로 한 소유권이전등기청구의 소를 제기하였다. 이에 판례는 甲은 전소 제기로써 묵시적으로 매매계약 해제권을 행사하였고, 그 뒤 그 소송을 취하한 경우 해제권은 형성권이므로 그 행사의 효력에는 아무런 영향이 없다. 따라서 후소로써 매매계약이 해제되지 아니하였음을 전제로 한 소유권이전등기청구는 제기할 수 없다(사법행위설, 대판 1982.5.11, 80다916).			
사례2	甲은 乙을 상대로 대여금 2억 원 지급청구소송 중, 乙은 매매대금 2억 원을 상계항변을 하였다. 법원은 乙의 상계항변이 실기한 방어방법이라고 각하하면서 청구인용판결을 하였다. 그 후 乙은 매매대금채권인 2억 원 청구의 소를 제기하였다. 이 경우 법원의 판단은?			
	사법상 효과: 수동채권, 자동채권 동시 소멸 **소송법상 효과:** 자동채권 소멸. 수동채권만 인정. → 자동채권을 다시 청구할 수 없다.	**사법상 효과:** 실기한 방어방법의 각하로 인해 상계항변이 인정되지 않는다. → 자동채권 불소멸. 다시 청구 가능.⁴⁶⁾	**사법상 효과:** 실기한 방어방법의 각하로 인해 사법상 효과도 없다. → 상계항변 자체가 없음. 자동채권 다시 청구 가능.	**사법상 효과:** 상계항변 인정되지 않는다. → 자동채권 다시 청구 가능.
	판례) 1. 소송상 방어방법으로서의 상계항변은 통상 수동채권의 존재가 확정되는 것을 전제로 하여 행하여지는 일종의 예비적 항변으로서 소송상 상계의 의사표시시에 의해 확정적으로 효과가 발생하는 것이 아니라 당해 소송에서 수동채권의 존재 등 상계에 관한 법원의 실질적 판단이 이루어지는 경우에 비로소 실체상 상계의 효과가 발생한다(대판 2018.8.30, 2016다46338; 대판 2014.6.12, 2013다95964). **2. 조정에서의 상계항변:** 당해 소송절차 진행 중 당사자 사이에 조정이 성립됨으로써 수동채권의 존재에 관한 법원의 실질적인 판단이 이루어지지 아니한 경우에는 그 소송절차에서 행하여진 소송상 상계항변의 사법상 효과도 발생하지 않는다(대판 2013.3.2, 2011다3329).			

---

43) 그리하여 (양행위) 병존설이라고도 한다.
44) 해제권 등을 행사한 경우 실기하여 각하된 경우라도 실체법상 효과는 유효하다.
45) 전소에서 甲은 해제권(형성권)을 행사하였으므로 계약이 해제되었다. 후소에서는 전소에서 주장한 해제된 계약과는 반대로 원래 계약이행을 청구할 수 있는가가 쟁점이다.
46) 만일 법원이 피고의 상계 항변을 받아들여 청구기각한 경우에만 상계의 사법상 효과가 발생하는데, 그렇다면 위 청구기각판결은 일종의 형성판결로 보아야 한다. 그러나 이는 이론적으로 형성판결의 일반원칙에 반한다.

甲은 2018.5.3. 乙에게 토지 매매대금 1억 원 청구의 소를 제기하였다. 소송계속 중 서면이 아닌 구술로 청구취지를 토지인도청구로 변경하였다. 그리고 이 소송은 1년 이상 경과한 후 판결이 선고되었다. 이에 乙은 제1심에서 소의 변경이 서면이 아닌 구술로 인한 것이고, 또한 소 제기 후 1년 이상 경과한 후에 판결선고를 한 것이므로 민사소송법 제199조의 위반으로 법원의 조치가 위법하다고 주장하면서 항소하였다. 이는 타당한가?

답안 구성

I. 사안의 쟁점

'판결은 소가 제기된 때로부터 5월 이내에 선고하여야 한다.'는 민사소송법 제199조 및 '청구취지의 변경은 서면으로 신청하여야 한다.'는 동법 제262조 제2항이 소송절차에 대한 이의권의 포기·상실의 대상이 될 수 있는지 여부가 쟁점이다.

II. 소송절차에 대한 이의권 및 그 포기·상실

1. 의의 및 적용범위

소송절차에 대한 이의권이란 법원이나 당사자의 소송행위가 절차규정에 위배된 경우 이를 다툴 수 있는 당사자의 소송상 권능을 말한다(제151조). 이의권의 대상이 되는 규정은 소송절차에 관한 규정 중에서 임의규정이다. 따라서 훈시규정은 이를 위배하여도 당사자의 이의대상이 아니다.

2. 이의권의 포기와 상실

1) 이의권의 포기

이의권의 포기는 당사자가 법원에 대하여 절차규정의 위반에 관해 다투지 않을 것임을 명시적 또는 묵시적으로 의사표시하는 것을 말한다. 이의권의 포기는 변론 또는 변론준비절차에서 법원에 대한 일방적 진술로 한다.

2) 이의권의 상실

이의권의 상실이란 당사자가 절차규정의 위반을 알았거나 알 수 있었을 경우, 바로 이의권을 행사하지 않아 그 권리를 잃게 되는 것을 의미한다. 판례는 법원이 원고에게 피고의 답변서를 송달하지 아니하여 원고가 변론기일에서야 이를 직접 수령하는 등의 소송절차 위배 여부에 관하여 원고가 아무런 이의를 제기함이 없이 본안에 들어가 변론하였음을 알 수 있으므로 원고는 그 이의권을 상실하였다고 할 것이고, 기록에 의하더라도 판결 결과에 영향을 미친 소송절차 위배가 있다고 할 수 없다고 하였다.[47]

---

47) 대판 2011.11.24, 2011다74550.

3) 포기 · 상실의 대상

임의규정은 이의권의 포기 · 상실의 대상이 된다. 그러나 강행규정은 공익적 규정이므로 이의권의 포기 · 상실의 대상이 아니다.

4) 포기 · 상실의 효과

이의권의 포기 · 상실로 인하여 절차규정에 위배된 소송행위의 하자가 치유되어 그 소송행위는 처음부터 유효하게 된다. 다만, 법원의 위법한 소송행위로 양 당사자가 이의권을 행사할 수 있는 경우는 양 당사자 모두 이의권을 포기 · 상실하여야 한다.

Ⅲ. 사안의 해결

1. 민사소송법 제199조는 훈시규정이므로, 이를 위반한 판결이라도 당사자는 무효를 주장할 수 없다.

2. 한편 민사소송법 제262조 제2항은 임의규정에 해당하나, 이의권은 즉시 행사하지 않으면 상실되는 것이므로 항소심에서 이의권을 행사하는 것은 허용되지 않는다. 따라서 乙의 항소는 이유 없으므로 법원은 항소를 기각하여야 한다.

참조판례 훈시규정이 이의권의 대상규정인가

당사자는 법원 또는 상대방의 소송행위가 소송절차에 관한 규정을 위반한 경우 민사소송법 제151조에 의하여 그 소송행위의 무효를 주장하는 이의신청을 할 수 있고 법원이 당사자의 이의를 이유 있다고 인정할 때에는 그 소송행위를 무효로 하고 이에 상응하는 조치를 취하여야 하지만, 소송절차에 관한 규정 중 단순한 훈시적 규정을 위반한 경우에는 무효를 주장할 수 없다. 민사소송법 제199조, 제207조 등은 모두 훈시규정이므로 법원이 종국판결 선고기간 5월을 도과하거나 변론종결일로부터 2주 이내 선고하지 아니하였다 하더라도 이를 이유로 무효를 주장할 수는 없다(대판 2008.2.1, 2007다9009).

민사소송법 규정의 종류

```
┌──────────────────┐     ┌ 훈시규정48): 판결선고기간(§199, §207)49)
│ 민사소송규정의 종류 │─────┤
└──────────────────┘     └ 효력규정┬강행규정: 상소제기기간50)
                                  └임의규정: 1. 사적 자치가 가능(소송계약)
                                           2. 이의권의 포기 및 상실의 대상
```

┌──────────────────────┐
│ 강행규정(공익적 규정) │ : 확정적 무효(예: 당사자능력, 당사자적격, 소송능력의 흠결시)
└──────────────────────┘

 ┌ 판결선고 전: 1. 배척
 │   2. 무효
 │   3. 유동적 무효(제한능력자의 소송행위)
 │
 └ 판결선고 후┬ 확정 전: 일단 유효 → 상소
            └ 확정 후: 당연무효가 아님
                     1. 일단 유효(조합. 학설 대립)
                     2. 무효(사망자. 치외법권자에 대한 판결)
                     3. 유동적 무효(제한능력자에 대한 판결)
                     4. 재심사유에 해당하는 때에만 재심

┌──────────┐
│ 임의규정 │
└──────────┘

1. 원칙: 임의소송 금지의 원칙상 소송절차의 변경은 허용되지 않는다.51)
2. 예외
   1) 사적 자치가 인정되는 규정52): 관할합의(§29), 불항소합의(§390 ① 단서, ②53))
   2) 이의권의 포기·상실규정(소송절차에 관한 임의규정)54)

   이의권┌ 행사   : 무효
        └ 포기·상실: 확정적 유효(기일통지서 미송달, 이의 없이 변론시 이의권 상실 등)

---

48) 주로 직무규정이다.
49) 대판 2008.2.1, 2007다9009.
50) 대판 1975.5.9, 72다379.
51) 임의소송 금지의 원칙이란 소송절차의 획일성·안정성을 위해서 당사자의 합의에 의해 소송절차를 임의
    로 변경할 수 없는 것을 말한다. 예컨대 (i) 법관의 제척규정을 당사자 합의에 의해 배제하는 것은 허용
    되지 않는다. (ii) 이의권의 사전포기도 허용되지 않는다.
52) 당사자 합의에 의해 해당규정의 적용을 배제하는 것을 말하며, 민사소송법이 허용한 범위 내에서만 인정
    된다.
53) 조문내용이 준용규정의 형식으로 되어 있어 복잡하다. <제1항 단서의 합의는 서면으로 해야 한다.>로
    개정해야 한다.
54) 불이익을 받을 당사자가 이의하지 않을 때 그 하자가 치유되는 규정을 말하며, 소송서류의 송달의 흠 등
    이다.

VI

증거

甲은 변호사 乙이 운영하는 법률사무소 사무장으로 근무하다가 2017년 5월경에 해고를 당하였다. 그 후 甲은 乙이 임금과는 별도로 정산금을 지급하기로 약속하였다고 하면서, 2018년 3월 2일 乙을 상대로 약정금 1억 원 청구의 소를 제기하였다.

이 소송에서 甲은 임금과는 별도로 피고 乙이 지급하기로 기재된 근로계약서의 '사본'을 제출하였고, 이 사본에는 피고 乙 이름 다음 인영이 피고의 인감으로 찍혀 있었다. 이 사본의 진위에 대해 피고는 일관되게 부인하면서 甲이 법률사무소 운영상 필요할 때마다 피고 자신의 인감을 소지하고 있었고, 이를 기화로 근로계약서도 임의로 작성하여 위조된 것이라고 주장하면서 그 성립의 진정을 부인하고 있다. 제1심 법원도 원고에게 사본 대신에 원본을 제출할 것을 명령하였으나, 변론종결시까지 제출하지 않았다. 법원은 위 사본을 약정금의 증거로서 채택할 수 있는가?

답안 구성

⌜사례 풀이⌝

Ⅰ. 사안의 쟁점

문서의 증거능력은 추상적으로 증거조사의 대상이 될 수 있는 자격을 말한다. 민사소송법은 자유심증주의를 채택하고 있기 때문에 형사소송과 달리 증거능력에 제한은 없다. 따라서 사본도 증거능력이 있다.

위 사안은 처분문서의 원본이 아닌 사본의 증거력 문제이다. 즉, 사문서의 진정성립이 부정되는 경우에 증거력을 인정할 수 있는지의 문제이다.

Ⅱ. 문서의 의의

문서란 문자, 그 밖의 기호 조합에 의하여 사상적 의미를 표현한 종이쪽지 또는 그 밖의 유형물을 말한다.

기호는 전신부호·암호 등을 말하며, 유형물이란 종이 이외 나무·돌 등이라도 무방하다.

Ⅲ. 문서의 증거력

1. 사문서의 형식적 증거력

문서작성자의 의사에 의하여 진정하게 작성된 문서를 진정성립의 문서라고 하고, 이를 형식적 증거력이 있는 문서라고 한다. 즉, 진정성립된 문서이면 원칙적으로 형식적 증거력이 있다. 그리고 문서에 대한 진정성립의 인정은 법원이 모든 증거자료와 변론 전체의 취지에 터 잡아 자유심증에 따라 판단한다.

2. 사문서의 진정성립의 인정방법

1) 사문서의 진정에 대하여 신청자 측이 그 성립의 진정을 증명하여야 한다(제357조). 그 문서에 있는 본인 또는 대리인의 서명·날인 또는 무인이 진정한 것임을 증명한 때에 한하여 진정한 문서로서 추정받는다(제358조).

문서에 날인된 작성명의인의 인영이 그의 인장에 의하여 현출된 것이라면 특별한 사정이 없는 한 그 인영의 진정성립, 즉 날인행위가 작성명의인의 의사에 기한 것이라고 사실상 추정되고(1단계의 추정), 일단 날인의 진정이 추정되면 민사소송법 제358조에 의하여 그 문서 전체의 진정성립이 추정된다(2단계의 추정).

2) 그러나 날인행위가 다음에 해당하는 경우에는 그 추정이 깨어진다.

첫째, 작성명의인의 의사에 반하여

둘째, 작성명의인의 의사에 기하지 않고 이루어진 것임이 밝혀지거나,

셋째, 작성명의인 이외의 사람에 의하여 이루어진 것임이 밝혀진 경우이다.

따라서 인영의 진정성립을 다투는 사람이 반증을 들어 인영의 날인행위가 작성명의인의 의사에 따른 것임에 관하여 법원으로 하여금 의심을 품게 할 수 있는 사정을 증명하면 인영의 진정성립의 추정은 깨어진다.

3) 한편 날인행위가 작성명의인 이외의 사람에 의하여 이루어진 것임이 밝혀져서 이러한 사실상의 추정이 깨진 경우에 문서제출자는 날인행위가 작성명의인으로부터 위임받은 정당한 권원에 의한 것이라는 사실까지 증명할 책임이 있다.

4) 처분문서에 인영이 있는 경우 일단 문서의 형식적 증거력이 인정되면, 실질적 증거력이 인정된다. 즉, 문서의 진정성립이 인정되면 문서 전체의 내용이 인정된다는 것이다. 이른바 2단계 추정이라고 한다. 따라서 영수증에 날인이 있다면 변제의 효력이 인정된다.

문제는 문서에 날인이 있지만 원본이 아닌 사본을 제출한 경우, 상대방이 인영의 존재를 다투는 경우이다. 증거방법에는 제한이 없으므로 원칙적으로 사본도 증거능력이 있지만, 예외적인 경우에는 부인된다. 즉, 문서 내용이 이례적이고, 작성경위 설명이 제대로 안될 때에는 진정성립의 추정이 깨질 수 있다. 위 사례의 경우에는 사본과 동일한 원본이 존재하고, 또한 그 원본이 진정하게 성립하였음이 인정되어야만 진정성립이 인정될 수 있다.

Ⅲ. 사안의 해결

위 사안의 경우, 사본도 증거능력이 있다. 하지만 甲이 乙의 고용인으로 항상 인감을 소지하고 있는 점과 원본이 없는 점 등에 비추어

첫째, 날인행위가 작성명의인 이외의 사람에 의하여 이루어졌고,

둘째, 날인행위가 작성명의인으로부터 위임받은 정당한 권원에 의한 것이라고 증명하지 못하였다.

그러므로 법원은 증거자료와 변론 전체의 취지에 터잡아 자유심증에 비추어 본다면, 문서의 진정성립, 즉 증거능력을 인정할 수 없다.

1. 문서의 제출은 원본으로 하여야 하는 것이고, 원본이 아니고 단순한 사본만에 의한 증거의 제출은 정확성의 보증이 없어 원칙적으로 부적법하므로, 원본의 존재 및 원본의 성립의 진정에 관하여 다툼이 있고 사본을 원본의 대용으로 하는 것에 대하여 상대방으로부터 이의가 있는 경우에는 사본으로써 원본을 대신할 수 없으며, 반면에 사본을 원본으로서 제출하는 경우에는 그 사본이 독립한 서증이 되는 것이나 그 대신 이에 의하여 원본이 제출된 것으로 되지는 아니하고, 이때에는 증거에 의하여 사본과 같은 원본이 존재하고 또 그 원본이 진정하게 성립하였음이 인정되지 않는 한 그와 같은 내용의 사본이 존재한다는 것 이상의 증거가치는 없다. 다만 서증사본의 신청 당사자가 문서 원본을 분실하였다든가, 선의로 이를 훼손한 경우, 또는 문서제출명령에 응할 의무가 없는 제3자가 해당 문서의 원본을 소지하고 있는 경우, 원본이 방대한 양의 문서인 경우 등 원본 문서의 제출이 불가능하거나 비실제적인 상황에서는 원본의 제출이 요구되지 아니한다고 할 것이지만, 그와 같은 경우라면 해당 서증의 신청당사자가 원본 부제출이 정당하게 되는 구체적 사유를 주장·입증하여야 할 것이다(대판 2002.8.23, 2000다66133 등 참조).

2. 한편 사문서에 날인된 작성 명의인의 인영이 그의 인장에 의하여 현출된 것이라면 특별한 사정이 없는 한 그 인영의 진정성립이 추정되고, 일단 인영의 진정성립이 추정되면 민사소송법 제358조에 따라 그 문서 전체의 진정성립이 추정되나, 그와 같은 인영의 진정성립, 즉 날인행위가 작성 명의인의 의사에 따른 것이라는 추정은 사실상의 추정이므로, 인영의 진정성립을 다투는 자가 반증을 들어 날인행위가 작성 명의인의 의사에 따른 것임에 관하여 법원으로 하여금 의심을 품게 할 수 있는 사정을 증명하면 그 진정성립의 추정은 깨진다(대판 2013.8.22, 2012다94728; 대판 2010.4.29, 2009다38049; 대판 2003.2.11, 2002다59122 등 참조).

3. 위와 같은 사실상 추정은 날인행위가 작성명의인 이외의 자에 의하여 이루어진 것임이 밝혀진 경우에는 깨어지는 것이므로, 문서제출자는 그 날인행위가 작성명의인으로부터 위임받은 정당한 권원에 의한 것이라는 사실까지 입증할 책임이 있다(대판 2009.9.24, 2009다37831; 대판 2003.4.8, 2002다69686: 대판 1995.6.30, 94다41324).

4. 그리고 처분문서는 진정성립이 인정되면 그 기재 내용을 부정할 만한 분명하고도 수긍할 수 있는 반증이 없는 이상 문서의 기재내용에 따른 의사표시의 존재와 내용을 인정하여야 한다는 점을 감안하면 작성명의인의 인영에 의하여 처분문서의 진정성립을 추정함에 있어서는 신중하여야 하고(대판 2003.4.8, 2001다29254; 대판 2002.9.6, 2002다34666),
특히 처분문서의 소지자가 업무 또는 친족관계 등에 의하여 문서명의자의 위임을 받아 그의 인장을 사용하기도 하였던 사실이 밝혀진 경우라면 더욱 그러하다(대판 2014.9.26, 2014다29667).

甲은 2011.8.1. 丙과 丁의 연대보증 아래 乙에게 3억 원을 변제기 2012.7.31., 이율 연 12%(변제기에 지급)로 정하여 대여(이하 '이 사건 대여'라 한다)하였다.

丁은 무자력 상태에서 2015.10.1. 자신의 유일한 재산인 시가 4억 원 상당의 X토지를 戊에게 1억 원에 매도(이하 '이 사건 매매계약'이라 한다)하고 같은 달 10. 소유권이전등기(이하 '이 사건 소유권이전등기'라 한다)를 마쳐주었다.

변제기가 지나도 乙이 이 사건 대여금을 변제하지 않자 甲은 2017.9.1. '乙, 丙, 丁은 연대하여 甲에게 이 사건 대여원리금을 지급하라.'는 취지의 소를 제기하였다.

甲의 이 사건 대여사실과 丙과 丁의 연대보증사실이 기재된 소장부본이 2017.9.29. 乙에게 송달되었고, 乙은 '甲으로부터 이 사건 대여금을 차용한 사실은 있지만 대여금 채권은 시효소멸되었다.'는 취지의 답변서를 그 무렵 제출하였다. 한편, 丙에게도 2017.10.2. 소장부본이 송달되었으나 丙은 답변서나 준비서면을 제출하지 않았고, 丁에게는 소장부본이 소재불명으로 송달불능되어 재판장의 명령에 따라 소장부본이 공시송달되었다.

법원은 적법하게 변론기일소환장을 송달(丁에게는 공시송달됨)하여 2017.11.6. 제1차 변론기일을 진행하였다. 乙은 변론기일에 출석하여 답변서를 진술하면서 자신은 컴퓨터판매업을 하는 상인이고, 이 사건 대여금은 사업운영자금으로 빌린 돈이라고 주장하였다. 이에 대해 甲은 乙의 위와 같은 상황을 알고서 대여해 준 것이며, 乙의 주장이 맞다고 진술하였다. 위 변론기일에 丙은 적법하게 변론기일 소환장을 받고도 출석하지 않았으며, 丁 또한 출석하지 않았다. 甲은 변론기일에서 乙이 작성명의인으로 된 이 사건 대여금의 차용증서를 증거로 제출하였으나 丙, 丁의 연대보증사실을 증명할 만한 증거를 제출하지는 않았다.

(1) 만약 법원이 위 변론기일을 종결하고 2018.1.12. 판결을 선고하는 경우 피고들에 대한 각 청구의 결론[각하, 기각, 인용, 일부인용]과 논거를 서술하시오.[1]

〈추가적 사실관계〉

제1차 변론기일 후 2017.12.11. 아래와 같은 내용으로 제2차 변론기일이 추가로 진행되었다.

甲은 제2차 변론기일에 출석하여 乙이 2017.8.20. 이 사건 대여원리금을 이유를 불문하고 조만간 갚겠다는 각서를 써 주었다고 주장하며 乙의 서명이 있는 위 각서를 증거로 제출하였고, 위 기일에 출석한 乙은 그 각서의 서명이 자신의 것이 맞다고 진술하였다. 한편 丙은 제2차 변론기일에는 출석하여 이 사건 대여원리금을 연대보증한 사실은 인정하지만, 모든 채무가 시효로 소멸하였다고 항변하였다. 丁은 제2차 변론기일에도 출석하지 않았다. 법원은 심리 후 丁에 대한 변론을 분리하여 乙과 丙에 대해서만 변론을 종결하였다.

(2) 만약 법원이 2018.1.12. 판결을 선고하는 경우 피고 乙과 丙(丁은 제외)에 대한 청구의 결론[각하, 기각, 인용, 일부인용]과 논거를 서술하시오.[2]

....
답안 구성

---

1) 변호사시험 제7회(2018), 30점. 단어 또는 문맥을 일부 수정함.
2) 변호사시험 제7회(2018), 20점. 단어 또는 문맥을 일부 수정함.

『사례 풀이 1』

I. 결론

甲의 乙에 대한 청구는 '청구기각', 丙에 대한 청구는 '청구인용', 丁에 대한 청구는 '청구기각'이 된다.

II. 논거

1. 甲이 제기한 공동소송의 유형과 심판방법

주채무는 상사채무이고, 丙과 丁은 연대보증인이다. 따라서 甲이 제기한 소의 형태는 통상공동소송이다.

통상공동소송에서는 각 공동소송인은 다른 공동소송인에 의한 제한 또는 간섭을 받지 않고, 각각 독립적으로 소송을 수행하는 형태를 말한다(제66조). 즉 공동소송인 독립의 원칙이 적용되므로 각 공동소송인 사이의 소송자료가 불통일되며, 판결의 결과가 달라도 상관이 없다.

하지만, 판결의 결과가 다르게 나오는 것에 대한 비판으로 주장공통의 원칙과 증거공통의 원칙이 양자 모두가 통상공통소송에 적용되는가에 대해서는 다툼이 있다.

2. 甲의 乙에 대한 청구에 관한 법원의 판단

피고 乙은 소멸시효의 항변사실이 적혀 있는 답변서를 제출하였고, 변론기일에 상법상 상인임을 주장하면서 이 사건 대여금은 사업운영자금이라고 주장하였고, 이에 대해 원고 甲은 乙의 주장을 그대로 인정하였다. 따라서 대여사실에 대해서만은 재판상 자백이 성립되었다.

쟁점은 소멸시효가 완성되었는지이다. 판례는 어떤 권리의 소멸시효기간이 얼마나 되는지에 관한 주장은 단순한 법률상의 주장에 불과하므로 변론주의의 적용대상이 되지 않고 법원이 직권으로 판단할 수 있다고 한다.[3] 당사자가 민법에 따른 소멸시효기간을 주장한 경우에도 법원은 직권으로 상법에 따른 소멸시효기간을 적용할 수 있다.[4]

---

3) 대판 2008.3.27, 2006다70929, 70936; 대판 2013.2.15, 2012다68217; 대판 2017.3.22, 2016다258124.
4) 대판 2017.3.22, 2016다258124.

위 사례의 경우, 사업운영자금의 대여는 상인의 보조적 상행위에 해당하므로 소멸시효기간은 5년이며, 기산점은 변제기 다음 날인 2012.8.1.이다. 따라서 2017.7.31. 소멸시효기간이 완성되었다. 그리고 甲은 2017.9.1.에 대여원리금 지급청구의 소를 제기하였으므로 소멸시효가 완성되었다. 그러므로 甲의 乙에 대한 청구에 대하여는 법원은 청구기각판결을 내려야 한다.

3. 丙에 대한 법원의 판단

1) 丙은 답변서를 제출하지 않았으므로 수소법원은 무변론판결을 할 수 있으나(제257조), 변론기일을 열었으므로 이에 해당하지 않는다.

2) 丙은 공시송달이 아닌 적법한 송달을 받고도 답변서와 준비서면을 제출하지 않았고, 변론기일에 출석하지도 않았으므로 자백간주의 효과가 발생한다(제150조 제3항). 따라서 甲이 丙의 연대보증사실의 증명할 증거를 제출하지 못하였다 하더라도 자백간주에 의하여 甲의 丙에 대해서는 청구인용판결을 내려야 한다.

3) 한편, 판례에 의하면 통상공동소송에서는 주장공통의 원칙이 적용되지 않는다.5) 그러므로 공동소송인 독립의 원칙상, 乙의 소멸시효 항변의 효과는 丙에게는 미치지 않는다.

4. 丁에 대한 법원의 판단

丁에게는 변론기일통지서를 공시송달로 하였으므로 丁의 불출석으로 인한 자백간주는 성립되지 않는다(제150조 제3항 단서). 따라서 甲이 丁의 연대보증계약 체결사실을 증명해야 한다. 그러나 위 사안에서는 甲은 丁의 연대보증사실을 증명할 만한 증거를 제출하지는 않았다고 하였으므로 법원은 甲의 丁에 대하여는 청구기각판결을 내려야 한다.

---

5) 민사소송법 제66조 및 변론주의 소송구조 등에 비추어 볼 때, 통상 공동소송에서는 주장공통의 원칙은 적용되지 아니한다(대판 1994.5.10, 93다47196). 그리고 자백간주가 된 피고들과 원고의 주장을 다툰 피고들 사이에서 동일한 실체관계에 대하여 서로 배치되는 내용의 판단이 내려진다고 하더라도 이를 위법하다고 할 수 없다(대판 1997.2.28, 96다53789). 동일한 사실관계가 청구원인으로 되어 있는 한 개의 소송에서 공동피고라 하더라도 그 소송관계는 각각 별개로 성립되고 당사자처분권주의 아래에서는 당사자마다 각각 상이한 판결이 선고되고 확정될 수 있다(대판 1992.12.11, 92다18627).

『사례 풀이 2』

I. 결론

甲의 乙에 대한 판결은 청구인용판결이고, 甲의 丙에 대한 판결은 청구기각판결이다.

II. 논거

1. 乙에 대한 청구의 결론

위 사안의 경우, 변론기일에서 甲은 乙이 '이 사건 대여원리금을 이유를 불문하고 조만간 갚겠다.'고 서명한 각서를 증거로 제출하였고, 이에 乙은 위 각서 서명은 자신의 것이라고 진술하였다.

사문서의 경우, 거증자인 甲이 위 각서의 진정을 증명하여야 하나(제357조), 본인의 서명이 있는 경우에는 진정한 것으로 추정된다(제358조). 또한 사문서의 진정성립에 관한 사실은 보조사실이나, 판례는 주요사실과 같이 취급하고 있다.[6] 그리고 처분문서는 진정성립이 인정되는 경우, 그 기재내용을 부인할 만한 분명하고도 수긍할 수 있는 반증이 없는 한, 실질적 증거력이 인정된다. 즉, 그 처분문서에 기재되어 있는 문언대로의 의사표시의 존재와 내용을 인정해야만 한다.

위 사안의 경우, 乙은 위 각서의 서명을 변론기일에서 인정하였고, 또한 '이 사건 대여원리금을 이유를 불문하고 조만간 갚겠다.'는 내용은 소멸시효의 이익을 포기한 것으로 간주된다. 그러므로 甲의 대여사실은 乙의 자백에 의해 인정되고, 시효이익의 포기가 있었으므로 甲의 乙에 대한 청구는 인용된다.

2. 丙에 대한 청구의 결론

1) 주채무의 소멸시효가 완성되면, 보증채무의 부종성에 의하여 보증채무는 소멸한다. 하지만 주채무자의 항변포기는 보증인에게는 효력이 없다(민법 제433조 제2항). 따라서 乙의 시효이익의 포기는 보증인 丙에게는 효력이 없어 丙은 주채무의 소멸시효가 완성되었으므로 보증채무도 소멸하였다고 주장할 수 있다.

2) 한편, 제1차 변론기일에서 丙의 불출석에 따른 자백간주는 재판상 자백과 달리 당

---

6) 대판 2001.4.24, 2001다5654.

사자에게는 구속력이 없다. 따라서 사실심 변론종결시까지 그 사실을 다툴 수 있어 그 법적 효과를 번복할 수 있다.

그 결과 1차 변론기일에서 발생한 자백간주는 丙의 2차 변론기일에서의 진술에 의하여 번복됨으로써 甲의 丙에 대한 청구는 기각된다.

참조판례 소멸시효기간의 주장은 직권조사사항

민사소송절차에서 변론주의 원칙은 권리의 발생·변경·소멸이라는 법률효과 판단의 요건이 되는 주요사실에 관한 주장·증명에 적용된다. 따라서 권리를 소멸시키는 소멸시효 항변은 변론주의 원칙에 따라 당사자의 주장이 있어야만 법원의 판단대상이 된다.

그러나 이 경우 어떤 시효기간이 적용되는지에 관한 주장은 권리의 소멸이라는 법률효과를 발생시키는 요건을 구성하는 사실에 관한 주장이 아니라 단순히 법률의 해석이나 적용에 관한 의견을 표명한 것이다. 이러한 주장에는 변론주의가 적용되지 않으므로 법원이 당사자의 주장에 구속되지 않고 직권으로 판단할 수 있다. 당사자가 민법에 따른 소멸시효기간을 주장한 경우에도 법원은 직권으로 상법에 따른 소멸시효기간을 적용할 수 있다(대판 2017.3.22, 2016다258124).

참조판례 문서의 진정성립에 대한 자백과 그 취소

문서의 성립에 관한 자백은 보조사실에 관한 자백이기는 하나 그 취소에 관하여는 다른 간접사실에 관한 자백취소와는 달리 주요사실의 자백취소와 동일하게 처리하여야 할 것이므로 문서의 진정성립을 인정한 당사자는 자유롭게 이를 철회할 수 없다고 할 것이고, 이는 문서에 찍힌 인영의 진정함을 인정하였다가 나중에 이를 철회하는 경우에도 마찬가지이다(대판 2001.4.24, 2001다5654).

甲은 乙에게서 P시에 소재하는 1필의 X토지 중 일부를 위치와 면적을 특정하여 매수했으나 필요가 생기면 추후 분할하기로 하고 분할등기를 하지 않은 채 X토지 전체 면적에 대한 甲의 매수 부분의 면적 비율에 상응하는 지분소유권이전등기를 甲 명의로 경료하고 甲과 乙은 각자 소유하게 될 토지의 경계선을 확정하였다.

甲과 乙은 각자 소유하는 토지 부분 위에 독자적으로 건축허가를 받아 각자의 건물을 각자의 비용으로 신축하기로 하였다. 각 건물의 1층 바닥의 기초공사를 마치고 건물의 벽과 지붕을 건축하던 중 자금이 부족하게 되자 甲과 乙은 공동으로 丁에게서 건축 자금 1억 원을 빌리면서 X토지 전체에 저당권을 설정해 주었다. 이후 건물은 완성되었으나 준공검사를 받지 못하여 소유권보존등기를 하지 못하고 있던 차에 자금 사정이 더욱 나빠진 甲과 乙은 원리금을 연체하게 되어 결국 저당권이 실행되었고 경매를 통하여 戊에게 X토지 전체에 대한 소유권이전등기가 경료되었다.

戊는 구분소유권자인 甲과 乙을 상대로 한 각 건물의 철거 및 X토지 전체 인도소송(이하에서는 '위 소송'이라 한다)을 제기하였다. 이 소장에서 "甲과 乙이 각 건물을 신축할 당시 甲과 乙이 X토지를 각 구분하여 특정부분을 소유한 바는 없다."라고 주장(이하에서는 '戊의 소송상 주장'이라 한다)하였다. 이에 甲은 위 소송의 제1회 변론기일에서 戊의 소송상 주장을 인정하는 취지의 진술(위 진술은 甲에게 불리한 진술로 간주한다)을 하였고, 반면 乙은 戊의 소송상 주장에 대하여 '甲과 乙은 각 건물이 위치한 부분을 중심으로 하여 토지 중 각자의 지분에 해당하는 토지를 특정하여 구분소유하고 있었다.'는 취지로 위 제1회 변론기일에 진술한 이래, 甲과 乙은 각 본인의 위 각 진술을 변론종결시까지 그대로 유지하였다. 그러나 법원은 관련 증거를 종합하여 볼 때 乙의 위 주장이 객관적 진실에 부합한다고 판단하고 있다.

(1) 법원은 甲과 乙의 위 각 진술이 甲과 乙에 대한 각 관계에서 미치는 영향 및 戊의 청구에 대하여 어떻게 판단하여야 하는지와 그 근거를 서술하시오.

〈변형된 소송의 경과〉

甲이 변론종결시까지 그 주장을 그대로 유지하지 않고, 위 소송의 제4회 변론기일에서 위 제1회 변론기일에서 한 자신의 종전 진술과 달리 "甲과 乙은 각 건물이 위치한 부분을 중심으로 하여 토지 중 각자의 지분에 해당하는 토지를 특정하여 구분소유하고 있었다."라고 진술을 번복하면서 이를 증명하기 위하여 증인을 신청하였으며, 증인은 "甲과 乙이 각자 건물을 짓기 위해 분필하려 했으나 분필절차가 번거롭고 까다로워 각 건물이 위치한 부분을 중심으로 하여 토지 중 각자의 지분에 해당하는 토지를 특정하여 소유하고 있었다."라고 증언하였고 법원은 위 증언이 객관적 진실에 부합하는 것으로 판단하였다. 그런데 위 제1회 변론기일에서 한 甲의 진술이 착오에 기한 것인지에 대하여 甲은 변론종결시까지 아무런 주장, 증명을 하지 않았다. 한편, 戊는 甲이 "甲과 乙은 각 건물이 위치한 부분을 중심으로 하여 토지 중 각자의 지분에 해당하는 토지를 특정하여 구분소유하고 있었다."라고 진술을 번복한 부분과 관련하여 그 진술의 번복에 대하여 이의를 제기하지는 않았다.

　(2) 법원은 甲의 위 진술 번복이 甲과 乙에 대한 각 관계에서 미치는 영향 및 戊의 청구에 대하여 어떻게 판단하여야 하는지와 그 근거를 서술하시오.[7]

목차구성

---

7) 변호사시험 제3회(2014), (1)은 18점, (2)는 12점.

『사례 풀이 1』

Ⅰ. 사안의 쟁점

戊는 구분소유권자인 甲과 乙을 상대로 한 각 건물의 철거 및 X토지 전체 인도소송을 제기하였다. 이 사건 소송 중 戊의 "甲과 乙이 각 건물을 신축할 당시 甲과 乙이 X토지를 각 구분하여 특정 부분을 소유한 바는 없다."라는 주장에 대해, 甲은 인정하는 진술하였다. 반면 乙은 부인하였다. 통상공동소송인 상호간에 진술이 다른 경우, 법원은 어떻게 판단하여야 하는지가 문제된다.

Ⅱ. 통상공동소송에서의 공동소송인 독립의 원칙

1. 의의 및 내용

戊이 구분소유자인 甲과 乙을 상대로 한 소송은 통상공동소송이다. 따라서 공동소송인 가운데 한 사람의 소송행위 또는 이에 대한 상대방의 소송행위, 공동소송인 가운데 한 사람에 관한 사항은 다른 공동소송인에게 영향을 미치지 아니한다(제66조).

그러므로 소송요건은 개별적으로 조사하고, 소송심리가 독립되며, 재판이 불통일될 수 있고, 상소가분의 원칙이 적용된다.

2. 甲과 乙의 진술의 법적 성격

1) 甲의 진술

재판상 자백이란 소송당사자가 변론기일 또는 변론준비기일에서 한 상대방 주장과 일치하고 자기에게 불리한 주요사실에 대한 진술이다.[8]

위 사안에서 甲은 제1회 변론기일에서 "甲과 乙이 각 건물을 신축할 당시 甲과 乙이 X토지를 각 구분하여 특정부분을 소유한 바는 없다."는 戊의 소송상 주장을 인정하는 취지의 진술을 했다. 이는 甲에게 불리한 진술이므로 재판상 자백에 해당한다.

---

[8] 자백의 내용에 대해서 상대방이 증명책임을 지는 사실이면 자기에게 불리한 사실로 보는 증명책임설과 자백한 사실을 바탕으로 판결을 나면 패소될 가능성이 있으면 자기에게 불리한 사실로 볼 것이라는 패소가능성설의 다툼이 있다. 판례는 후자이고, 후자에서 자백의 범위가 넓어진다.

2) 乙의 진술

부인이란 원고의 주장사실과 양립불가능한 사실을 주장하여 상대방의 주장을 배척하는 진술이다. 부인에는 상대방 주장이 진실이 아니라고 단순히 부정하는 단순부인과 상대방이 주장하는 사실과 양립할 수 없는 별개의 사실을 주장하여 부정하는 이유부부인(간접부인)이 있다. 이에 반해 항변이란 원고의 주장과 양립가능한 사실(=반대규정의 요건사실)을 적극 주장함으로써, 원고의 청구를 배척하기 위한 진술이다.

위 사안에서 乙의 "甲과 乙은 각 건물이 위치한 부분을 중심으로 하여 토지 중 각자의 지분에 해당하는 토지를 특정하여 구분소유하고 있었다."라는 진술은 戊의 주장과 양립불가능한 사실을 주장하여 戊의 주장을 배척하려 하는 것이다. 이러한 乙의 진술은 戊의 주장이 진실이 아니라고 단순히 부정하는 취지의 단순부인에 해당한다.

3. 甲과 乙의 각 진술이 甲과 乙에 대한 관계에 미치는 영향

甲과 乙의 각 진술은 유리·불리를 불문하고, 원칙적으로 다른 공동소송인에게 영향을 미치지 않는다. 따라서 甲의 재판상 자백과 乙의 부인 진술은 서로에게 영향을 미치지 않는다. 이를 공동소송인 독립의 원칙이라고 한다.

하지만 이를 관철하면 공동소송인들 사이에 상반된 판결이 나올 수 있다. 이러한 원칙을 수정한 주장공통의 원칙을 적용하여 판결의 모순·저촉을 해결하려는 견해가 있지만, 판례는 민사소송법 제66조 및 변론주의의 원칙을 근거로 주장공통의 원칙은 부정하고 있다.[9]

Ⅲ. 戊의 청구에 대한 판단

1. 甲에 대한 청구부분

1) 재판상 자백의 효력

재판상 자백한 사실은 불요증사실이다(제288조). 따라서 법원은 자백한 사실에 대해

---

9) 민사소송법 제66조 및 변론주의 소송구조 등에 비추어 볼 때, 통상 공동소송에서는 주장공통의 원칙은 적용되지 아니한다(대판 1994.5.10, 93다47196). 그리고 자백간주가 된 피고들과 원고의 주장을 다툰 피고들 사이에서 동일한 실체관계에 대하여 서로 배치되는 내용의 판단이 내려진다고 하더라도 이를 위법하다고 할 수 없다(대판 1997.2.28, 96다53789). 동일한 사실관계가 청구원인으로 되어 있는 한 개의 소송에서 공동피고라 하더라도 그 소송관계는 각각 별개로 성립되고 당사자처분권주의 아래에서는 당사자마다 각각 상이한 판결이 선고되고 확정될 수 있다(대판 1992.12.11, 92다18627).

서는 그의 진실 여부에 관계없이 증거조사를 할 필요가 없다. 재판상 자백은 법원에 대해 구속력이 발생하여 자백이 허위라는 심증을 얻었어도 자백의 반대사실을 인정할 수 없고, 자백한 사실을 그대로 인정해야 한다. 그러므로 甲의 자백으로 인해 戊는 증명책임이 면제되며, 설혹 법원의 증거조사 결과 乙의 주장이 객관적 진실에 부합된다고 판단하더라도 변론주의 원칙상 법원은 甲의 자백에 구속된다.

2. 乙에 대한 청구부분

법률요건분류설에 따라 각 당사자는 자기에게 유리한 법규의 요건사실에 관해 증명책임을 진다. 따라서 권리의 존재를 주장하는 자가 권리근거규정에 해당하는 요건사실을 증명해야 한다.

위 사안은 戊의 주장에 대해 乙이 단순부인을 하였으므로 증명책임은 戊에게 있다. 그런데 법원이 관련 증거를 종합할 때 乙의 주장이 객관적 진실에 부합한다고 판단하였으므로, 戊는 증명에 실패한 것이므로 법원은 戊의 청구를 기각하여야 한다.

Ⅳ. 사안의 해결

법원은 戊의 甲에 대한 청구는 인용하고, 乙에 대한 청구는 기각해야 한다.[10]

▌사례 풀이 2▐

I. 쟁점의 정리

甲은 제1회 변론기일에서 행한 진술을 제4회 변론기일에서 "甲과 乙은 각 건물이 위치한 부분을 중심으로 하여 토지 중 각자의 지분에 해당하는 토지를 특정하여 구분소유하고 있었다."라고 번복하였는데, 이는 자백의 철회에 해당한다. 원칙적으로 자백과 같은 여효적 소송행위는 직접 소송상 효력이 발생하므로 절차의 안정과 상대방의 신뢰보호를 위해 원칙적으로는 철회할 수 없다.

---

10) 판례는 토지의 공유자 중 1인이 공유토지 위에 건물을 소유하고 있다가 토지 지분만 전매한 사안에서 "당해 토지에 건물의 소유를 위한 관습상 법정지상권이 성립된 것으로 보게 된다면 마치 토지공유자 1인으로 하여금 다른 공유자의 지분에 대해서까지 지상권설정의 처분행위를 허용하는 셈이 되어 부당하다."고 하였다(대판 1987.6.23, 86다카2188).

다만, 예외적으로 철회할 수 있다. 위 사안에서 甲의 자백이 유효하게 철회된 것인지, 만일 철회된 경우로 해석된다면 甲과 乙에게 어떻게 미치는지와 戊의 청구를 판단한다.

Ⅱ. 자백의 철회사유

다음의 경우, 자백을 철회할 수 있다.

첫째, 상대방의 동의가 있는 경우. 자백을 취소하고 이에 대해 상대방이 이의 없이 동의하면, 반진실과 착오의 요건을 고려할 필요 없이 자백의 취소를 인정한다.

둘째, 제3자의 형사상 처벌행위에 의하여 자백이 이루어진 때(제451조 제1항 제5호). 즉 이러한 재심사유가 있을 때, 자백의 효력을 부정할 수 있다.

셋째, 자백이 진실에 반하고 착오로 인한 것일 때에는 철회할 수 있다(제288조 단서).

넷째, 자백이 실효된 경우, 즉 소송대리인의 자백을 본인이 경정한 때이다(제94조).

위 사안에서는 제288조 단서와 상대방의 동의 여부가 문제된다.

Ⅲ. 민사소송법 제288조 단서에의 해당 여부

1. 철회의 요건

재판상 자백을 철회하기 위해서는 반진실과 착오 두 가지를 모두 증명하여야 한다. 반진실의 증명만으로 그 자백이 착오로 인한 것이라고 추정되는 것은 아니다. 한편 자백의 반진실이 증명된 경우라면 변론의 전체 취지만으로 자백이 착오로 인한 것임을 인정할 수 있다.

사안에서 甲의 자백이 진실에 반한다는 것은 증인을 통해 증명되었고, 법원도 위 증언이 객관적 진실에 부합하는 것으로 판단하였지만, 甲의 자백이 착오에 기한 것인지에 대해서는 아무런 주장, 증명이 없다. 그리고 변론의 전체 취지로 보아 종전 자백이 착오로 인한 것이라고 보기에는 어렵다.

2. 자백철회에 대한 동의 여부

상대방의 동의가 있을 때에는 임의철회가 가능하다. 판례도 종전의 자백과 배치되는 주장을 하고 이에 대해 상대방이 이의를 제기함이 없이 그 주장내용을 인정한 때에는 종전의 자백을 취소된 것으로 본다.

위 사안에서 丙가 甲의 진술 번복에 대해 이의를 제기하지 않았다는 점만으로는 자백의 철회에 대한 丙의 동의가 있는 것으로 인정할 수 없다.

Ⅳ. 자백의 철회가 시기에 늦은 것인지 여부

만일 자백의 철회사유가 인정된다 하여도 그 철회는 시기에 늦지 않아야 한다(제149조). 즉, 위 사안에서 1회 변론기일에서 자백한 것을 4회 변론기일에서 번복한 것이 실기한 방어방법으로 볼 수 있느냐의 문제이다. 그러나 실기한 공격·방어방법에 대한 각하 여부는 법원의 직권 또는 상대방의 신청에 따르므로(제149조 제1항), 설혹 각하요건을 충분히 충족하더라도 법원의 재량으로 각하하지 않고 甲의 번복 진술을 인정할 수도 있다.

그러나 위 사안의 경우, 제4회 변론기일에 번복은 실기한 방어방법이라고 보기 어렵다.[11]

Ⅴ. 사안의 해결

제1회 변론기일에서의 甲의 진술이 증인신문을 통해 반진실임을 증명하였고, 또한 제4회 변론기일에 자백을 철회하였으나, 착오에 대한 증명을 하지 않았다. 비록 법원이 구분소유적 공동소유라는 객관적 진실에 부합한다는 심증을 형성하고 있더라도 甲의 자백은 그대로 유지된다.

그러므로 丙의 甲에 대한 청구는 그대로 인용된다. 또한 공동소송인 독립의 원칙상 甲의 진술 번복이 있더라도 乙에게는 영향을 미치지 않는다. 따라서 丙의 乙에 대한 청구는 기각해야 한다.

---

11) 현재 실무상으로는 특히 그러하다.

1. 자백을 취소하는 당사자는 그 자백이 진실에 반한다는 것 외에 착오로 인한 것임을 아울러 증명하여야 하고, 진실에 반하는 것임이 증명되었다고 하여 착오로 인한 자백으로 추정되는 것은 아니다(대판 2010.2.11, 2009다84288).

2. 재판상의 자백에 대하여 상대방의 동의가 없는 경우에는 자백을 한 당사자가 그 자백이 진실에 부합되지 않는다는 것과 자백이 착오에 기인한다는 사실을 증명한 경우에 한하여 이를 취소할 수 있으나, 이때 진실에 부합하지 않는다는 사실에 대한 증명은 그 반대되는 사실을 직접증거에 의하여 증명함으로써 할 수 있지만 자백사실이 진실에 부합하지 않음을 추인할 수 있는 간접사실의 증명에 의하여도 가능하다고 할 것이고, 또한 자백이 진실에 반한다는 증명이 있다고 하여 그 자백이 착오로 인한 것이라고 추정되는 것은 아니지만 그 자백이 진실과 부합되지 않는 사실이 증명된 경우라면 변론의 전 취지에 의하여 그 자백이 착오로 인한 것이라는 점을 인정할 수 있다(대판 2004.6.11, 2004다13533).

3. 자백은 사적자치의 원칙에 따라 당사자의 처분이 허용되는 사항에 관하여 그 효력이 발생하는 것이므로 일단 자백이 성립되었다고 하여도 그 후 그 자백을 한 당사자가 종전의 자백과 배치되는 내용의 주장을 하고 이에 대하여 상대방이 이의를 제기함이 없이 그 주장 내용을 인정한 때에는 종전의 자백은 취소되고 새로운 자백이 성립된 것으로 보아야 한다(대판 1990.11.27, 90다카20548).

4. 자백은 사적 자치의 원칙에 따라 당사자의 처분이 허용되는 사항에 관하여 그 효력이 발생하는 것이므로, 일단 자백이 성립되었다고 하여도 그 후 그 자백을 한 당사자가 위 자백을 취소하고 이에 대하여 상대방이 이의를 제기함이 없이 동의하면 반진실, 착오의 요건은 고려할 필요 없이 자백의 취소를 인정하여야 할 것이나, 위 자백의 취소에 대하여 상대방이 아무런 이의를 제기하고 있지 않다는 점만으로는 그 취소에 동의하였다고 볼 수는 없다(대판 1994.9.27, 94다22897).

甲은 2017.3.2. 乙을 상대로 의류매매대금 1억 원(이하에서는 '의류매매대금'이라 함) 지급청구의 소를 제기하였다. 제1회 변론기일에서 甲은 '의류매매대금'이 미지급되었다고 주장하였고, 乙은 위 의류매매대금이 미지급된 것을 인정하는 진술을 하였다. 이와 동시에 乙은 의류매매대금을 수동채권으로 하여 甲에 대한 불법행위로 인한 손해배상채권을 자동채권으로 상계하겠다고 주장하였다. 그 후 변론기일에서 乙은 불법행위로 인한 손해배상채권은 반대채권(자동채권)으로는 인정되지 않는다고 착각을 하고, 위 상계주장을 철회함과 동시에 '의류매매대금'이 미지급되었다는 이전의 진술을 번복하여 지급되었다고 주장하였다. 증거조사 결과, 법원은 의류매매대금이 지급되었다는 확신을 갖게 되었다. 이 경우, 법원은 어떠한 판결[각하, 기각, 인용]을 하여야 하는가? (위 소송에서 의류매매계약 체결사실은 인정된다는 점을 전제로 함)

목차구성

I. 결론

甲의 乙에 대한 청구에 관한 법원의 판단은 '청구인용판결'이다.

II. 논거

1. 사안의 쟁점

乙의 변론기일에서의 진술은 재판상 자백에 해당되지만, 그 후의 변론기일에서 그 진술을 번복한 경우, 자백의 구속력이 그대로 유효한지 아니면 취소가 가능한지 여부가 쟁점이다.

2. 재판상 자백의 의의와 요건

1) 의의

재판상 자백은 변론 또는 변론준비기일에서 한 상대방의 주장과 일치하고, 자기에게 불리한 사실의 진술을 말한다(민사소송법 제288조).

2) 요건

(1) 구체적인 사실에 대한 진술일 것

자백이란 상대방의 사실상 진술을 그대로 인정하는 것을 말한다. 자백의 대상은 사실은 주요사실에 한한다.

위 사례의 경우에는 의류매매대금 지급사실은 항변사실(권리소멸사실)로서 주요사실이다. 의류매매대금 1억 원 미지급되었다는 그의 진술은 주요사실에 대한 진술에 해당된다.

(2) 자기에게 불리한 사실에 대한 진술일 것

'자기에게 불리한 사실'의 의미에 관하여 상대방이 증명책임을 지는 사실이라고 해석하는 증명책임설과 그 사실을 바탕으로 판결이 나면 패소할 가능성이 있는 사실이라고 해석하는 패소가능성설이 있다.[12] 판례는 후자의 입장이다.

---

12)

	증명책임설	패소가능성설
근거	상대방이 증명책임을 지는 사실이면 자기에게 불리한 사실	그 사실을 바탕으로 판결이 나면 패소가능성이 있으면 자기에게 불리한 사실로 본다.

위 사안에서 의류매매대금이 미지급된 사실은 증명책임설에 의하면 乙에게 불리한 사실이 아니고, 패소가능설에 의하면 乙에게 불리한 사실이다.

(3) 상대방의 주장사실과 일치하는 진술일 것

상대방이 진술한 후, 이를 시인하는 경우가 대부분이나, 그 반대의 경우도 가능하다. 즉 당사자 일방이 먼저 자진하여 불리한 진술한 후, 이를 상대방이 원용하면 재판상 자백이 인정되며, 이를 선행자백이라고 한다.

위 사안의 경우, 의류매매대금이 미지급되었다는 甲의 진술과 乙의 진술이 일치된다. 선행자백에는 해당되지 않는다.

(4) 변론이나 변론준비기일에서 소송행위로서 진술하였을 것

재판외가 아닌 제1회 변론기일에서 乙이 진술하였으므로 소송행위이다.

3) 위 사안의 적용

乙은 제1회 변론기일에서 의류매매대금이 미지급되었다는 주요사실인 甲의 진술을 인정하였고, 이는 상대방의 주장과 일치하는 진술이다. 따라서 재판상 자백의 요건을 모두 갖추었다.

3. 재판상 자백의 효력

1) 자백이 성립하면 법원은 자백된 사실을 판결의 기초로 삼아야 하는 구속을 받고 (법원에 대한 구속력), 자백한 당사자는 임의로 자백을 철회할 수 없는 구속을 받는다(당사자에 대한 구속력).[13)

2) 乙의 진술은 재판상 자백으로서 법원에 대한 구속력이 있으므로 법원은 설혹 허위라는 확신에도 불구하고 의류매매대금이 미지급된 사실을 인정하여야 한다.

	상대방의 증명책임에 대한 자백	상대방＋자신의 증명책임까지 자백
차이	원고: 항변사실 피고: 청구원인사실	원고든 피고든 자기의 증명책임이 있는 사실을 부인하는 것
판례	원고들이 소유권확인을 구하고 있는 사건에서 원고들의 피상속인 명의로 소유권이전등기가 마쳐진 것이라는 점은 원래 원고들이 입증책임을 부담할 사항이지만 위 소유권이전등기를 마치지 않았다는 사실을 원고들 스스로 자인한 바 있고 이를 피고가 원용한 이상 이 점에 관하여는 자백이 성립한 결과가 되었다(대판 1993.9.14, 92다24899).	

13) 사족, 쓰지 않아도 된다. 자인진술의 경우, 상대방의 원용 전에는 당사자에 대한 구속력이 없으므로 자인진술을 한 당사자는 상대방의 원용이 있기 전에는 자인진술을 철회하고 이와 모순되는 진술을 자유로이 할 수 있다. 이 경우 자인사실은 소송자료로부터 제거된다.

3) 재판상 자백으로 인정된 乙의 진술이 취소되기 위해서는 그 진술이 반진실이어야 함과 동시에 착오가 있어야 한다(제288조 단서). 하지만, 설문에서는 의류매매대금이 미지급되었다는 그의 진술이 착오에 의한 것이라는 내용이 기재되어 있지 않으므로(반진실이 인정된다고 착오가 추정되는 것도 아님) 乙의 자백은 취소되지 않았다.

그리고 자백을 취소하고 이에 대해 상대방이 이의 없이 동의한 경우나 3자의 형사상 처벌행위에 의하여 자백이 이루어진 때(제451조 제1항 제5호) 등 철회사유는 보이지 아니한다.

4) 그러므로 甲의 乙에 대한 청구는 청구인용판결을 선고하여야 한다.

이동률

건국대학교 법학과 및 대학원 졸업(법학박사)
일본 게이오기주쿠(慶應義塾)대학 방문교수
변호사시험, 사법시험, 행정고시, 입법고시, 변리사시험, 공인노무사시험, 독학사 시험위원
한국법학교수회 감사, 한국민사소송법학회 감사 역임
현재 건국대학교 법학전문대학원 교수

저 서
민사소송의 당사자론(2007)
생활법률(공저, 2014)
법률용어사례집(공저, 2016)
한일법령용어비교해설집(상)(하)(공저, 2005) 등

민사소송법 사례

초판발행	2018년 12월 28일
지은이	이동률
펴낸이	안종만
편 집	정수정
기획/마케팅	정연환
표지디자인	권효진
제 작	우인도·고철민
펴낸곳	(주) **박영사**
	서울특별시 종로구 새문안로3길 36, 1601
	등록 1959. 3. 11. 제300-1959-1호(倫)
전 화	02)733-6771
f a x	02)736-4818
e-mail	pys@pybook.co.kr
homepage	www.pybook.co.kr
ISBN	979-11-303-3318-2 93360

copyright©이동률, 2018, Printed in Korea

정 가   18,000원